河合塾
SERIES

入試精選問題集
漢文
四訂版

河合塾国語科　編

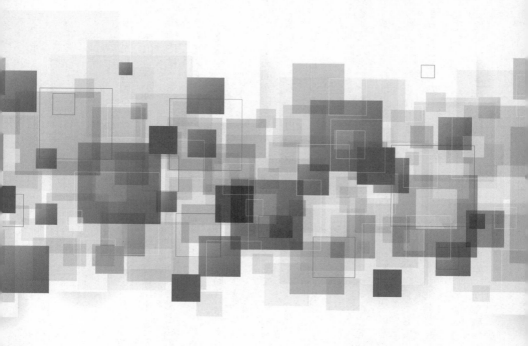

河合出版

はしがき

現代の受験生にとって、漢文という古典は、決して取り組みやすい受験科目ではない。はっきり取り組みにくい科目と言ってよいのだが、しかし、その取り組みにくさが文章体系としての漢文の難しさに由来するわけではないという点に本質的な問題がある。漢文は一般的には、受験という当座の必要がなければほとんど顧みられることのない、言わば趣味的科目としてしか認知されておらず、そのことが漢文を必要とする受験生の学習意欲をもそぐ結果となっているのだが、問題は、それが受験生の問題というよりも、大きな文化的時代状況としてある程度の必然性をもっているという点にある。

教養としての漢文に接触することに意味を見いだす人間がほとんどいないのである。そして、それは、横文字文化の横行によって漢字という文字への愛着が薄れつつあること以上に、漢文の作り上げている文化世界、例えば忠孝信義といった価値を中心に据えた世界が、私たちの生きている現代という時代から急速に消えつつあるということに由来している。

つまり、比喩的に言えば、過去を完全に過ぎ去ったものとして葬り去ることによって、先へ先へと進みゆくエネルギーを作り出している現代という時代が、漢文という世界を博物館の世界に密閉してしまっているのであり、まさしくそのような時代性こそが漢文への取り組みにくさを作り上げているのである。受験科目としては易しいと言ってよい漢文が、多くの受験生から敬遠されてしまうのも、この点に由来している。漢文化を受容する素地が私たちの生きる世界から消えていく度合に応じて、漢文は難しくなっているのである。

このような状況に置かれている私たちが、受験科目としてであれ、ともかくも漢文の世界に向きあっていくためには、さし当たってはまず、現在の私たちと漢文の作り上げている世界とのはるかなる距離を、はっきり確認することが出発点となる。漢文を読んでいく上で誤読がありうるとしたら、それはこの距離についての無自覚が作りあげるものと考えてよい。漢文の世界は、もちろん中国の古典であると同時に日本の古典でもあり、漢文に象徴される中国文明が、日本の歴史全体の中では、近・現代における西欧文明の果した役割よりもはるかに大きな役割を果したのは事実である。しかし、だからと言って私たちの現在と漢文の世界とが近い距離にあるわけではない。この距離に対する無自覚こそが漢文を読解していくうえでの一番の落し穴となる。この距離に対する自覚を、一つ一つの問題に突きあたる過程で、よりはっきりした形にしていくことこそが漢文学習の最良の道であり、この問題集がその一助になることを願っている。

もう一点確認しておかなければならないことがある。それは、先に漢文の世界が現在の私たちと遠い距離にあると述べてきたが、遠い距離にあることはその世界が現在の私たちにとって無価値なものであることを意味するわけでは決してないということである。受験漢文という狭い窓口ではあれ、そこから垣間見える中国の古典世界、いや歴史的に積み重ねられてきた中国文化の世界は、日本文化とも西洋文化とも異質な内実を備えており、異質であればこそ私たちの現在が抱える様々な課題を映し出す格好の鑑となりうるということである。漢文を読み解くことの意義もまさしくここにある。

本書の構成と使い方

- 本書は、「**問題篇**」と「**解答・解説篇**」の二冊子から構成されている。
- 「**問題篇**」には、厳選した三十題を収めており、**易しいものから難しいものへ**と並べてある。1～10は比較的**易しい問題**、11～20は**標準的なレベルの問題**、21～30は比較的**難しい問題**である。それぞれの問題には、客観式・記述式両タイプの設問を含むように工夫が凝らされており、私大から二次までの受験に対応できるようになっている。**共通テスト**については、問題を解きながら「解答・解説篇」にまとめられている読解上のポイントを修得していけば十分である。
- 「**問題篇**」には、問題の後に解答欄を設けてある。記述式の場合、解答欄の大きさも解答のヒントとなるからである。大きさを考慮して解答欄に書き込んでもらいたい。
- 「**解答・解説篇**」は、問題についての▼**解答**▲・▼**本文解説**▲・▼**書き下し文**▲・▼**全文解釈**▲・▼**解釈のポイント**▲・▼**設問解説**▲からなっている。
- ▼**解答と配点**▲は、自己採点できるように各設問に配点を施してある。50点が満点である。
- ▼**本文解説**▲は、問題文やその出典・著者などについての解説である。**青字**の事項は、**文学史・思想史に必須の知識**である。入試で必要とされるものについては、本書中にほぼ網羅されているから、ぜひとも覚えていってもらいたい。
- ▼**書き下し文**▲は、問題文を書き下し文に改めたもの。漢字はすべて新字体を用い、振り仮名は歴史的仮名づかいで付けてある。外国語修得の早道は、声に出して読むことだと言われるが、これは漢文についても言えることである。特に漢字に恐怖心をもつ人などは、これと照らし合わせながら問題文を**音読**してみるとよい。

・**▼全文解釈▲**は、問題文の全訳である。なるべく原文に忠実にして、意訳は避けるようにつとめた。

・**▼解釈のポイント▲**は、問題文を読み、解釈するうえで重要なポイントを抜き出して説明を加えたものである。特に**重要語・基本句形**については繰り返し説明を加えてある。これが入試漢文を訓読し、読解するための必須修得事項のすべてであると言っても過言ではない。ぜひとも熟読してもらいたい。

・**▼設問解説▲**は、各設問の解き方を中心に説明した。特に、どのような手続きを経て設問を解くのか、その方法を修得してもらいたい。

・最後に、**▼解釈のポイント▲**・**▼設問解説▲**に出てくる基本句形は、原則として古文のサ変動詞で説明してある。たとえば、

不㆓――㆒(セ)

とあれば、(セ)はサ変動詞の未然形であるから、

不㆓**学 習**㆒ だと、「学習セず」と読み、

不㆑**学** だと、「学ブ」の未然形「学バ」に「ず」を加えて「学バず」と読むことになる。

目次

（□…易　▒…標準　■…難）

1 次の文章を読んで、後の問いに答えよ。（設問の都合で、返り点・送り仮名を省いたところがある。）

華《くわ》歆《きん》・王《わう》朗《らう》、㋑倶乗リテレ船ニ避クレ難ヲ。有リテ二一人一欲ス二依附セント一。歆㋺輒難《こば》ムレ之ヲ。朗曰ク、「幸ヒニ尚ホ寛《ひろ》シ、①何為レゾ不ナラントレ可。」後ニ賊追ヒ至レバ、王欲スレ捨テント二所ノレ携フル人ヲ一。歆曰ク、「②本所以疑正為此耳。既ニ已ニ納《い》ルル二其ノ自託ヲ一。③寧可二以レ急相棄一邪。」遂ニ携《けい》拯《じよう》スルコト如シレ初メノ。世以テレ此ヲ定ム二華王之優劣ヲ一。

（『世説新語』徳行）

〈注〉○華歆・王朗――ともに後漢末から魏にかけての人。　○依附――頼る。　○携拯――連れて行って助ける。

問一 傍線部㋑「倶」、㋺「輒」の読みを、送り仮名も含めて平仮名ばかりで答えよ。

問二 傍線部①「何為不可」の解釈として最も適当なものを、次のア～オの中から一つ選べ。

ア　なにができないのか。
イ　なにをしたらいけないのか。
ウ　どうしていけなかろうか。
エ　どうすればよいだろうか。
オ　どんなことでもしてやろう。

問三　傍線部②「本所以疑正為此耳」の書き下し文として最も適当なものを、次のア～オの中から一つ選べ。

ア　本より正しきを疑ひし所は此を以て為《な》るのみ

イ　本より正しきを疑ひし所以《ゆゑん》は此のみを為《な》す

ウ　本より以て疑ひし所は正に此が為《ため》のみ

エ　本より疑ひし所以は正に此のみの為なり

オ　本より疑ひし所以は正に此が為のみ

問四　傍線部③「寧可㆓以㆑急相棄㆒邪」の解釈として最も適当なものを、次のア～オの中から一つ選べ。

ア　どうして危なくなったからといって見捨ててよかろうか。

イ　どうして流れが急になったからといって見捨てられようか。

ウ　どうしてこれまで船に匿《かくま》った人物を急いで見捨てられようか。

エ　むしろ追い詰められたからこそ見捨てるべきではなかろう。

オ　むしろ一度助けたからには今こそ見逃してやるのがよい。

問五　本文の内容に合致するものを、次のア～カの中から二つ選べ。

ア　世の人々はこの話を聞いて華歆の方が優れていると判断した。

イ　世の人々はこの話を聞いて王朗の方が優れていると判断した。

ウ　華歆と王朗は頼ってきた人物を結局助けることはできなかった。

エ　王朗は救いを求めた人物を終始一貫して助けてやろうとした。

オ　華歆は助けを求めた人物を最後まで助けようとはしなかった。

カ　華歆は救いを求めた人物を助けることに最初は難色を示した。

問五	問二	問一
		㋑
	問三	
		㋺
	問四	

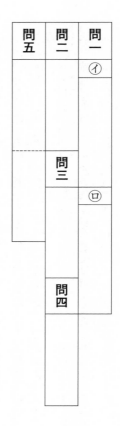

2 次の文章を読んで、後の問いに答えよ。（設問の都合で、送り仮名を省いたところがある。）

晏《あん》子《し》聘《とう》レ魯《ろヲ》。哀公問《ヒテ》曰《ク》、「語《ニ》曰《ク》、莫《シト》二三人而《ニシテ》迷《フ》一。今寡《くわ》人《じん》㋑与二一国一慮《はかレドモ》レ之《ヲ》、魯不《ルハ》レ免《レ》二於乱《ヲ》一㋺何也。」晏子曰《ク》、「古之㋩所謂莫《シトハ》二三人而《ニシテ》迷《フ》一者、一人失《ストモ》レ之《ヲ》、二人得《ルナリ》レ之《ヲ》。三人《ナラバ》足《ル》二以《テ》為《スニ》レ衆《シト》一矣。㋥故曰《ク》、①莫《シト》二三人而《ニシテ》迷《フ》一。今魯国之群臣以《テ》二千百《ヲ》一数《フルモ》、一二言《ス》於季氏之私《ニ》一。人数非レ不レ衆、所《ノ》レ言《フ》者一人《ノミ》也。②安《ンゾ》得《ン》レ三《タルヲ》哉《ト》。」

（『韓非子』内儲説上）

〈注〉○晏子―春秋時代の斉の名臣。　○聘―使者として他国を訪問すること。　○哀公―魯の君主。
○語―諺《ことわざ》、成語。　○一言―言葉を合わせる。　○季氏―魯の重臣。

問一　傍線部㋑「与」、㋺「何也」、㋩「所謂」、㋥「故」の読みを、送り仮名も含めて平仮名ばかりで答えよ。

問二　傍線部①「人数非レ不レ衆」を平仮名ばかりで書き下し文に改めよ。

問三　傍線部②「安得レ三哉」を現代語訳せよ。

問四　晏子は魯国の政治の乱れは何に起因すると考えているか。最も適当なものを、次のア～オの中から一つ選べ。

ア　優れた賢者がいても、その能力を利用しきれていないから。
イ　臣下が二つの集団に分裂し、まとまりを欠いているから。
ウ　国を治めるのに必要な三人の重臣がいないから。
エ　一人の重臣の独断に異を唱える臣下が誰もいないから。
オ　重臣の意見に反対する者が一人しかいないから。

問一	㋑		㋺		㋩		㋥	
問二								
問三								
問四								

3 次の文章を読んで、後の問いに答えよ。（設問の都合で、送り仮名を省いたところがある。）

晋ノ武帝ノ世ニ、河間郡ニ有リ三男女ノ私ニ悦シ、許スモノ二相配適一スルヲ。尋《つ》イデ而男従ヒレ軍ニ、積年不レ帰ラ。女《むすめ》ノ家更《あらた》メテ欲スルモレ適《とつ》ガシメントレ之ヲ、女不レ願ハレ行クヲ。父母逼《せま》レバレ之ニ、①不レ得レ已而去、尋イデ病《や》ミテ死ス。其ノ男戍《まもり》ヨリ還リ、問フ二女ノ所ヲレ在ル。其ノ家（イ）具説クレ之ヲ。乃チ至リレ冢《つか》ニ、欲スルモ二哭《こく》シテ叙《の》ベントレ哀《かな》シミヲ而②不レ勝二其情一、（ロ）遂発《あば》キレ冢ヲ開《ひら》クレ棺ヲ。女即チ蘇活ス。因リテ負ヒテ還リレ家ニ、将養スルコト数日、平復シテ如シレ初メノ。後ニ夫聞キ、乃チ③往キテ求ムレ之ヲ。其ノ人不シテレ還サ曰ク、「卿《けい》ノ婦《つま》ハ已ニ死セリ。天下④豈聞三死人可二復活一耶。此レ天賜《たま》フナリレ我ニ。非ザル二卿ノ婦ニ一也ト。」（ハ）於レ是相訟《うった》フ。郡県不レ能ハレ決スル、以テ讞《つ》グ二廷尉ニ一。秘書郎王導奏スラク、「以テナリ三精誠之至ノ感ゼシムルヲ二於天地ヲ一、故ニ死シテ而更メテ生ク。此レ非常ノ事ナリ。不レ得下以テ二常礼ヲ一断ズルヲ上レ之ヲ。請フ還セト二開クレ冢ヲ者ニ一。」⑤朝廷従フ二其ノ議ニ一。

（『捜神記』）

〈注〉 ○晋武帝―晋の初代皇帝、司馬炎（二六五～二九〇年在位）。 ○河間郡―地名。河北省にあった。

○私悦―ひそかに愛し合う。　○配適―結婚する。　○戍還―国境を守る兵役を終えて帰る。
○冢―墓。　○将養―食べ物を与え、保護する。　○卿―二人称の敬称。あなた。
○郡県―郡や県の役所。　○廷尉―官名。裁判・刑罰をつかさどる。
○秘書郎―官名。宮中の書籍・文書をつかさどる。　○王導―人名。

問一　傍線部㋑「具」、㋺「遂」、㋩「於レ是」の読みを、送り仮名を含めて平仮名ばかりで答えよ。

問二　傍線部①「不レ得レ已而去」の解釈として最も適当なものを、次のア～オの中から一つ選べ。

ア　断ることができず嫁に行き、
イ　自分の意思に反して町を去り、
ウ　すでに取り返しがつかないと悟り、
エ　抵抗するすべもなかったので家出し、
オ　生きる意欲を失って衰弱してしまい、

問三　傍線部②「不レ勝二其情一」、④「豈聞三死人可二復活一耶」を、それぞれ書き下し文に改めよ。

問四　傍線部③「往求レ之」とあるが、(a)「誰」が、(b)「どこ」に行って、(c)「何」を求めたのか。それぞれ三字以内で答えよ。

問五　傍線部⑤「朝廷従二其議一」とあるが、結局どうしたというのか。最も適当なものを、次のア〜オの中から一つ選べ。

ア　女の意志に任せることにした。
イ　女を夫のもとに帰らせた。
ウ　女を両親に引き取らせた。
エ　女を男のもとに返した。
オ　女を朝廷に仕えさせた。

問一	㋑	㋺	㋩
問二			
問三	②	④	
問四	(a)	(b)	(c)
問五			

4　**次の岑参《しんじん》の詩を読んで、後の問いに答えよ。（設問の都合で、送り仮名を省いたところがある。）**

渡口欲《シ》黄昏《ナラント》　帰人争《ツテ》渡《ヲ》喧《かまびすシ》

近鐘清《ク》野寺《ニ》　遠火点《ズ》江□《ニ》

見《テ》雁《ヲ》思《ヒ》郷信《ヲ》　聞《キテ》猿《ヲ》積《ム》涙痕《ヲ》

孤舟万里《ノ》秋　秋月不堪《ヘ》論《ズルニ》

（岑参「巴南舟中」）

〈注〉○渡口―川の渡し場。　○黄昏―夕暮れ。

問一　この詩の形式を漢字四字で答えよ。

問二　空欄を補うのに最も適当なものを、次のア～オの中から一つ選べ。

ア　渡　イ　暮　ウ　流　エ　村　オ　上

問三　作者の現在の状況の説明として最も適当なものを、次のア～オの中から一つ選べ。

ア　孤独な万里の船旅をつづけている。

イ　これから船旅に出ようとしている。

ウ　渡し船で川を渡ろうとしている。

エ　一日の仕事を終えて帰路についている。

オ　寺に一夜の宿を借りようとしている。

問四　「見レ雁思ニ郷信一」を、「雁」がどういう鳥なのかを明らかにしつつわかりやすく現代語訳せよ。

問五　「秋月不レ堪レ論」の解釈として最も適当なものを、次のア～オの中から一つ選べ。

ア　川辺に広がる景色は美しく、空に浮かぶ月さえもあまりのすばらしさに言葉を失っている。

イ　一人旅による私の孤独など、たえず天空を運《めぐ》る月の孤独と比べると言うに足らない。

ウ　船の中から見た夕暮れの美しさはすばらしく、その前では月の美しさもかすんでしまっている。

エ　たった一人で旅を続けているために、秋の月の美しさを語り合う相手がいない。

オ　孤独な長旅のため、美しい秋の月を見ても楽しむことができず、愁いが増すばかりだ。

問六　岑参は盛唐の詩人であるが、次のア～キの中から、彼と同時代の詩人を二人選べ。

ア　陶潜　　イ　李白　　ウ　蘇軾　　エ　韓愈

オ　王安石　　カ　杜甫　　キ　白居易

問一	
問二	
問三	
問四	
問五	
問六	

5 次の文章を読んで、後の問いに答えよ。（設問の都合で、返り点・送り仮名を省いたところがある。）

孔子東游《ス》。見《テ》二両小児弁闘《スルヲ》一、問《フ》二其故《ヲ》一。一児曰《ク》、「我以《おもヘラク》、日《ノ》始《メテ》出《ヅル》時、去《ルコト》レ人《ヲ》近《クシテ》、而日《ノ》中《スル》時遠《シト》也。」一児以《ヘラク》、「日《ノ》初《メテ》出《ヅルヤ》遠《クシテ》、而日《ノ》中《スル》時近《シト》也。」一児曰《ク》、「日《ノ》初《メテ》出《ヅルヤ》、大《ナルコト》如《シ》二車蓋《がいノ》一。及《ビテハ》二日《ノ》中《スルニ》一、㋑則如《シ》二盤《ばん》盂《うノ》一。此《レ》不レ為《ナラ》二遠《キ》者[A]而近《キ》者[B]一乎《ト》。」一児曰《ク》、「日《ノ》初《メテ》出《ヅルヤ》、滄《さう》滄《さう》涼涼《タリ》。①及《ビテハ》二其日《ノ》中《スルニ》一、如《シ》レ探《ルガ》レ湯《ヲ》。②此《レ》不レ為《ナラ》二[C]者熱《クシテ》而[D]者涼《シキガ》一乎《ト》。」㋺孔子不レ能レ決《スルコト》。両小児笑《ヒテ》曰《ク》、「孰為汝多知乎。」

（『列子』湯問）

〈注〉 ○游―旅行する。 ○弁闘―口論する。 ○車蓋―馬車に立てる傘。 ○盤盂―食器の鉢《はち》や椀《わん》。

問一 傍線部㋑「則」、㋺「不レ能」の読みを、送り仮名も含めて平仮名ばかりで答えよ。

問二 空欄[A][B][C][D]には、それぞれどの語をいれたらよいか。最も適当なものを、次のア～カの中から一つずつ選べ。

ア 大　イ 小　ウ 涼　エ 熱　オ 遠　カ 近

問三 傍線部①「及二其日中一、如レ探レ湯」を現代語訳せよ。

問四 傍線部②「孰 為 汝 多 知 乎」に、次の読みにしたがって返り点を施せ。

〈孰か汝を知多しと為せるや〉

また、その解釈として最も適当なものを、次のア～オの中から一つ選べ。

ア なぜあなたのことを博識だと言うのでしょう。

イ さすがにあなたは聡明ですね。

ウ あなたを知る人はなぜ多いのでしょう。

エ あなたを物知りだなどと言ったのは誰ですか。

オ どちらが利口か、あなたにはわからないのですか。

問一	㋑		㋺					
問二	A		B		C		D	
問三								
問四	孰 為 汝 多 知 乎							

6

次の㈠㈡の文章を読んで、後の問いに答えよ。（設問の都合で、送り仮名を省いたところがある。）

㈠ 昔蘇《そ》東《とう》坡《ば》問《ヘリ》㆓王安石《ニ》㆒、「坡字《ハ》何《ト》解《スルヤト》。」王曰《ク》、「坡者《トハ》、土之皮也《ト》。」蘇笑《ツテ》曰《ク》、「然《ラバ》則《チ》[A]者《トハ》水之骨乎《ト》。」以《テスラ》㆓安石《ノ》如《キ》㆑此《クノ》聡明《ヲ》㆒、[B]不㆑可《カラ》㆓妄《リニ》解《ス》㆒。[①]何《ゾ》況《ンヤ》不《ル》㆑及《バ》㆓安石《ニ》㆒者《ヲ》耶。

（『高斎漫録』）

㈡ 斉人《ニ》有《リ》㆑女。二家同《ジク》往《キテ》求《ム》㆑之《ヲ》。東家《ノ》子《ハ》醜《クシテ》而富《ミ》、西家《ノ》子《ハ》好《うつく シクシテ》而[C]。父母不㆑能《ハ》㆑決《スルコト》。[②]使㆓其女偏袒示㆑意。女[③]便《チ》両袒《セリ》。母問《フ》㆓其《ノ》故《ヲ》㆒。答《ヘテ》曰《ク》、「欲《スト》㆓東家《ニ》食《シテ》而西家《ニ》宿《セント》㆒。」

（『風俗通義』）

〈注〉
○蘇東坡―蘇軾、東坡は号。北宋の文人、唐宋八大家の一人。
○王安石―北宋の文人、唐宋八大家の一人。
○偏袒《へんたん》―偏は片一方、両に対す。袒は肌ぬぎになること。

問一 空欄[A]に補うのに最も適当な語を、漢字一字で記せ。

問二　傍線部①「何況不レ及二安石一者耶」を現代語訳せよ。

問三　空欄[B][C]に補うのに最も適当な語を、次のア～キの中から一つ選べ。

ア　又　イ　復　ウ　亦　エ　尚　オ　貧　カ　貴　キ　賤

問四　傍線部②「使二其女偏袒示一レ意」を平仮名ばかりで書き下し文に改めよ。

問五　傍線部③「便」の意味として最も適当なものを、次のア～オの中から一つ選べ。

ア　いつも　イ　そのたびごとにいつでも　ウ　そのますぐに

エ　そうしたら　オ　そこで

問一	問二	問三	問四	問五
		B		
		C		

7 次の文章を読んで、後の問いに答えよ。（設問の都合で、送り仮名を省いたところがある。）

卜《ぼく》者《しや》子ノ不レ習ハ二本業ヲ一。父譴《けん》二怒《ど》ス之ヲ一。子曰ク、「此レ甚ダ(イ)易耳ト。」次ノ日有リ下従リ二風雨ノ中一求メシレ卜者ヲ上。父命ジテレ子ニ試ミニ為サシムレ之ヲ。子即(ロ)問ヒテ曰ク、「汝東北ノ方ヨリ来レルト乎。」曰ク、「然リト。」曰ク、「汝ノ姓ハ張ナルト乎。」曰ク、「然リト。」復タ問フ、「汝為ニ二尊正ノ一卜スルト乎。」亦曰ク、「然リト。」其ノ人卜シ畢をハリテ而去ル。父驚キ問ヒテ曰ク、「爾《なんぢ》何ゾ前知スルコト如クナルトレ此クノ。」子答ヘテ云フ、「今日ハ乃チ東北ノ風ナリ。其ノ人面シテレ西ニ而来レバ、肩背(ハ)尽湿レリ。是ヲ以テ(①)知レリレ之ヲ。傘ノ柄ニ明カニ刻セリ二清河郡ト一。非ズシテ二張姓ニ一而何ゾヤ。且ツ風雨如シレ是クノ。(②)不レ為レ妻、誰肯為ニ二父母一出来。」

賛ニ曰ク、「卜者ノ子甚ダ是レ聡明ナレドモ、可シレ惜ム不リシコトヲ三曾《かつ》テ読マ二孟子ヲ一。若シ読ミ二了《をはリシ》孟子ヲ一時ハ、(ニ)便知ル二人ノ性ハ皆[A]ナルヲ一。豈ニ有ランヤト下視ルコト二父母ヲ一(ホ)反軽キ二於妻ヨリ一之理上。」

（『笑賛』）

〈注〉○卜者―占い師。　○尊正―他人の妻の尊称。　○賛―批評文。

（参考）　昔の中国には、同族同姓の者が特定の地域に集まり住む風習があった。

問一　傍線部㋑「易」、㋺「即」、㋩「尽」、㋥「便」、㋭「反」の読みを、送り仮名も含めて平仮名ばかりで答えよ。

問二　傍線部①「知ㇾ之」について、(a)どういうことを知ったのか、また、(b)なぜ知ることができたのか、それぞれ簡潔に説明せよ。

問三　傍線部②「不ㇾ為ㇾ妻、誰肯為㆓父母㆒出来」を現代語訳せよ。

問四　空欄Ａに補うのに最も適当な語を、次のア～カの中から一つ選べ。

ア　貴　イ　賤　ウ　善　エ　悪　オ　難　カ　易

問五　「賛」の文章の内容と一致するものを、次のア～オの中から一つ選べ。

ア　占い師の子は、孟子を読んでいたからこそ、妻よりも父母を重んじたのである。
イ　占い師の子は、孟子を読んでいたら、妻よりも父母を重んじたにちがいない。
ウ　占い師の子は、孟子を読んでいたものの、妻よりも父母を軽んじたのである。
エ　占い師の子は、孟子を読んだとしても、妻よりも父母を軽んじたにちがいない。
オ　占い師の子は、孟子を読んでいたならば、妻も父母も重んじたにちがいない。

問一		問二		問三	問四
㋑		(a)	(b)		
㋺					問五
㋩					
㊁					
㋭					

8 次の文章を読んで、後の問いに答えよ。（設問の都合で、送り仮名を省いたところがある。）

荘子行《キテ》㆓於山中《ヲ》㆒、見《ル》㆓大木《ノ》枝葉盛茂《スルヲ》㆒。伐《きル》㆑木《ヲ》者止《マルモ》㆓其《ノ》旁《かたはらニ》㆒、而不《ル》㆑取《ラ》也。問《ヘバ》㆓其《ノ》故《ヲ》㆒、曰《ク》、「無《シト》㆑所㆑可《キ》㆑用《フ》。」荘子曰《ク》、「此《ノ》木以《テ》㆓不材《ヲ》㆒得《タリト》㆑終《フルヲ》㆓其《ノ》ⓐ天年《ヲ》㆒。」夫子出《デ》㆓於山《ヨリ》㆒、舎《ス》㆓ⓑ故人之家《ニ》㆒。故人喜《ビ》、命《ジテ》㆓豎《じゅ》子《しニ》㆒①殺《シテ》㆑雁《ヲ》而烹㆑之。豎子請《ヒテ》曰《ク》、「其《ノ》一《ハ》能《ク》鳴《キ》、其《ノ》一《ハ》不㆑能《ハ》㆑鳴《ク》。②請《フ》㆑奚《レヲ》殺《サント》。」主人曰《ク》、「殺《セ》㆓不《ル》㆑能《ハ》㆑鳴《ク》者《ヲ》㆒。」明日弟子問《ヒテ》㆓於荘子《ニ》㆒曰《ク》、「昨日山中之木《ハ》③以《テ》㆓不材《ヲ》㆒得《タリ》㆑終《フルヲ》㆓其《ノ》天年《ヲ》㆒。今主人之雁《ハ》④以《テ》㆓不材《ヲ》㆒死《ス》。先生⑤将㆓何処㆒。」

（『荘子』山木）

〈注〉○材—有用である。　○夫子—「先生」の意味で、ここでは荘子のこと。　○豎子—召使いの少年。　○烹—煮《に》る。

問一 傍線部ⓐ「天年」、ⓑ「故人」の意味を答えよ。

問二 傍線部①「烹㆑之」を平仮名ばかりで書き下し文に改めよ。

問三　傍線部②「請 奚 殺」を現代語訳せよ。

問四　傍線部③④「不 材」の指す内容をそれぞれ本文中から抜き出して答えよ。(訓点は不要。)

問五　傍線部⑤「将﹆何 処﹅」の書き下し文として最も適当なものを、次のア〜オの中から一つ選べ。

ア　まさにいづれにをらんとすると。
イ　まさにいづれにをるべきかと。
ウ　まさになんぞをらんとすると。
エ　まさにいづくにしよすべしと。
オ　まさになんぞしよせんとすると。

問六　波線部「荘 子」について、

(1)　その属する学派を、次のア〜オの中から一つ選べ。

ア　儒家　イ　道家　ウ　農家　エ　兵家　オ　法家

(2)　その主張を表す語を、次のア〜オの中から一つ選べ。

ア　仁義之道　イ　兼愛非攻　ウ　信賞必罰　エ　合従連衡　オ　無用之用

問一
ⓐ
ⓑ

問二

問三

問四
③
④

問五

問六
(1)
(2)

9 次の文章を読んで、後の問いに答えよ。（設問の都合で、送り仮名を省いたところがある。）

漢ノ武帝ノ乳母㋑嘗於イテレ外ニ犯スレ事ヲ。帝欲スレ申《のべ》ントレ憲ヲ、乳母求ム二救ヲ東方朔ニ一。朔曰ク、「此レ非ズ二唇舌ノ所ニレ争フ。㋺爾必ズ望マバレ済《すくハ》レンコトヲ者、将ニルレ去ラント時、但ダ①当ニ二屢顧レ帝。㋩慎ミテ勿カレレ言フコト。此レ或ハ可キ二万一ニ冀《こひねが》フ一耳ト。」乳母既ニ至ル。朔モ亦侍スレ側《かたはら》ニ。②因リテ謂ヒテ曰ク、「汝ハ痴《ち》ナル耳。③帝豈ニ復タ憶《おも》ハンガ二汝ノ乳哺ノ時ノ恩ヲ一邪ト。」帝雖モ二才雄ニシテ心忍ナリト一、亦深ク有リ二情恋一。乃チ悽《せい》然《ぜん》トシテ愍《あはれ》ミレ之ヲ、即チ勅シテ免ズレ罪ヲ。

（『世説新語』規箴）

〈注〉
○漢武帝―前漢七代目の皇帝。　○申レ憲―法に照らして処罰する。
○東方朔―前漢の人、巧みな弁舌・文章で武帝に愛された。
○唇舌―「唇」はくちびる、「舌」はした。弁舌が巧みなこと。
○悽然―いたみ悲しむさま。　○勅―皇帝が命令する。

問一 傍線部㋑「嘗」、㋺「爾」、㋩「勿」の読みを、送り仮名も含めて平仮名ばかりで答えよ。

問二 傍線部①「当ニ屢顧ニ帝」を平仮名ばかりで書き下し文に改めよ。

問三 傍線部②「因 謂 曰」とは、誰が誰に言ったのか。最も適当なものを、次のア〜オの中から一つ選べ。

ア 武帝が東方朔に　イ 武帝が乳母に　ウ 乳母が東方朔に
エ 東方朔が乳母に　オ 東方朔が武帝に

問四 傍線部③「帝 豈 復 憶(二)汝 乳 哺 時 恩(一)邪」を現代語訳せよ。

問五 この文の趣旨として、最も適当なものを、次のア〜オの中から一つ選べ。

ア 乳母は東方朔と共謀して罪を犯し、武帝の真意をためした。
イ 武帝の残忍な心が乳母の愛情によって改められた。
ウ 東方朔の機知によって、武帝のあわれみ深い一面がひき出された。
エ 武帝は厳しい態度とやさしい心とを上手に使い分けることのできる人物である。
オ 武帝は、東方朔の狡知《こうち》のせいで、あやうく無実の人を処罰するところだった。

問一	㋑		㋺		㋩
問二					
問三					
問四					
問五					

10 **次の文章を読んで、後の問いに答えよ。（設問の都合で、送り仮名を省いたところがある。）**

人知好利之害、而不知好名之為害尤《もつと》甚。所以《ゆゑん》不知者、利之害粗而易見《あらは》、名之害細而難知也。故稍《やや》知自好者、便能軽利。①至於名、非大賢大智、不能免也。②思立名、則故《ことさら》為詭異《きい》之行。思保名、則曲為遮掩《しやえん》之計。終身役役《えきえき》於名之不暇《いとま》、而暇治身心乎。

昔一老宿言、「③挙世無有不好名者。」因発長嘆。坐中一人作而曰、「誠如尊論。不好名者、(イ)惟公一人而已《のみ》。」老宿欣然《きんぜん》大悦《よろこ》解頤。不知己為所売矣。名関之難(ロ)破如是哉《かな》。

（袾宏《しゆこう》『竹窓随筆』）

〈注〉 ○詭異之行―風変わりな行為。 ○遮掩之計―ごまかしの計略。 ○役役―身や心を労するさま。
○老宿―高僧。 ○解頤―口を開けて大笑いすること。 ○売―だます・欺く。 ○名関―名誉という関門。

問一　傍線部㋑「惟」、㋺「如㆑是」の読みを、送り仮名も含めて平仮名ばかりで答えよ。

問二　傍線部①「至㆓於名㆒、非㆓大賢大智㆒、不㆑能㆑免也」の解釈として最も適当なものを、次のア〜オの中から一つ選べ。

ア　名誉を好む弊害については、よほどの賢者・智者でないと気がつかない。

イ　名誉を好む弊害については、大した賢者・智者でなくとも気がついている。

ウ　名誉を得ることによって生じた弊害は、相当な賢者・智者でないと除去できない。

エ　名誉を得ることによって生じた弊害は、相当な賢者・智者でも除去できない。

オ　名誉を苦もなく手に入れることは、よほどの賢者・智者でないとできない。

問三　傍線部②「終身役㆓役於名㆒之不㆑暇、而暇㆑治㆓身心㆒乎」の解釈として最も適当なものを、次のア〜オの中から一つ選べ。

ア　一生名誉のためにあくせくし続けていては、心身の鍛練・修養をする時間などあるはずがない。

イ　一生名誉のために働いて休む暇がないので、傷ついた心身をいたわる時間などありはしない。

ウ　一生名誉を追い求めるのに必死であるとしても、心身をいたわる時間くらいはあるだろう。

エ　一生名誉を追い求めて時間を浪費するくらいなら、心身の鍛練・修養に時間をかける方がましだ。

オ　一生名誉を追い求めても時間の無駄であるから、心身の休養にこそ時間をかけるべきではないか。

問四　傍線部③「無㆑有㆓不㆑好㆑名者㆒」を書き下し文に改めよ。

問五　本文の内容に合致するものを、次のア〜オの中から一つ選べ。

ア　世の人々の多くは、名誉を好む弊害も利益を好む弊害もともに大きいものであると考えている。

イ　世の中には、名誉を維持しようとするあまり、風変わりな行為をしてかえって名誉を失ってしまう者が多い。

ウ　人々は利益を好む弊害を知っていながら、ついつい目先の利益に心を迷わしてしまうのである。

エ　名誉を好むという世の風潮を嘆いた高僧も、実は名誉を好む人間にほかならなかった。

オ　世の人々を批判した高僧の意見に賛同した人物は、高僧を名誉に関心のない人物として心から誉めたたえた。

問一	㋑	
	㋺	
問二		
問三		
問四		
問五		

11 次のA・B二つの詩を読んで、後の問いに答えよ。（設問の都合で、返り点・送り仮名を省いたところがある。）

A

下《リテ》レ馬《ヲ》飲《マシム》二君《ニ》酒《ヲ》一　①問《フ》レ君《ニ》何《ノ》所《ゾ》レ之《ク》

君《ハ》言《フ》②不レ得レ意《ヲ》　帰二臥《スト》南山《ノ》陲《ほとりニ》一

但《ダ》去《レ》③莫復問　白雲無《シ》二尽《クル》時《ヲ》一

B

送《リテ》二君《ヲ》南浦《ニ》一涙如《シ》レ糸《ノ》　君《ハ》向《ヒ》二東州《ニ》一④使我悲

為《ニ》⑤報《ゼヨ》故人顦《せう》悴《すいシ》尽《クシテ》　⑥如今不似洛陽時

（王維「送別」）

〈注〉○南浦―まちの南にある川のほとり。　○東州―洛陽一帯を指す。　○顦悴―やつれたさま。

問一 傍線部①「何所レ之」、②「不レ得レ意」を現代語訳せよ。

問二 傍線部③「莫復問」、④「使我悲」を平仮名ばかりで書き下し文に改めよ。

問三 傍線部⑤「故人」とは誰を指すか。最も適当なものを、次のア～オの中から一つ選べ。

ア 君　イ 我　ウ 君と我の友人　エ 昔の人　オ 死んだ人

問四 傍線部⑥「如今不似洛陽時」の解釈として最も適当なものを、次のア～オの中から一つ選べ。

ア 今の洛陽は昔とすっかり変わってしまった。
イ 今ではかつての洛陽時代と似ても似つかぬ。
ウ 南浦と今の洛陽はまったく違う。
エ 涙で見る今の洛陽はすっかり変わって見える。
オ 洛陽にいた時の楽しさは今はもうない。

問五 右のA・B二つの詩に共通する主題として最も適当なものを、次のア～オの中から一つ選べ。

ア 自分の生き方を自問自答して悩んでいる心境。
イ 戦いに行く友の前途を案じる気持ち。
ウ 恋人が自分から去っていく悲しみ。
エ 去っていく友に別れを惜しむ気持ち。
オ 都に帰る友に対する羨望。

問六 A・Bの詩の形式をそれぞれ漢字で答えよ。

問一		問二		問三	問四	問五	問六	
①	②	③	④				A	B

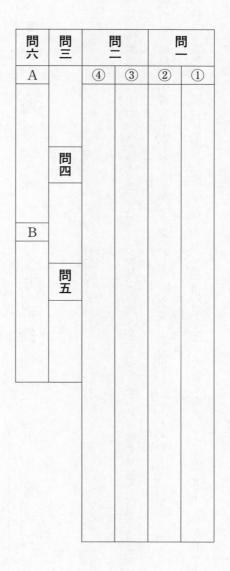

12 次の文章を読んで、後の問いに答えよ。（設問の都合で、送り仮名を省いたところがある。）

孟郊・賈島皆以《テ》レ詩《ヲ》窮《シテ》至《ル》レ死《ニ》。而《シテ》平生㋑尤自《ラ》喜《ンデ》㋺為二窮苦之句《ヲ》一。孟《ニ》有《リテ》二移《スノ》レ居《ヲ》詩一云《フ》、「①借《リテ》レ車《ヲ》載《スルニ》二家具《ヲ》一、家具少《シト》二於車《ヨリモ》一。」㋩乃是都《スベテ》無《キ》二一物一㊁耳。又謝《スルニ》二人《ノ》恵《ムヲ》レ炭《ヲ》云《フ》、「②暖《メテ》得《テ》曲身《ハ》成《リヌト》二直身《ト》一。」人謂《いへラク》、非《ズンバ》二其身備《つぶさニ》嘗《なムルニ》レ之《ヲ》、不《ル》レ能《ハ》レ道《いフコトノ》二此句《ヲ》一也《ト》。賈云《フ》、「鬢《びん》辺《ぺん》雖《モ》レ有《リト》レ③糸、不《ト》レ堪《ヘ》レ織《ルニ》二寒衣《ヲ》一。」就《たと》令《ヒ》織《リ》得《トモ》、④能得二幾何一。又其《ノ》朝飢《ノ》詩《ニ》云《フ》、「⑤坐《シテ》聞《ク》西床《ノ》琴、凍《こほリテ》折《ル》両三絃《ト》。」人謂《ヘラク》、其《レ》不二止《ただニ》忍《ブ》レ饑《うゑヲ》而已《ナラ》一、其寒亦何可レ忍也。

（『六一詩話』）

〈注〉○鬢辺―耳のあたりの髪の毛。　○西床―西（部屋）の寝台。

問一　傍線部㋑「尤」、㋺「為」、㋩「乃」、㊁「耳」の読みを、送り仮名も含めて平仮名ばかりで答えよ。

問二　傍線部①「借レ車載二家具一、家具少二於車一」を現代語訳せよ。

問三　傍線部②「暖得曲身成二直身一」を、感謝の意を述べた詩であることを踏まえてわかりやすく現代語訳せよ。

問四　傍線部③「糸」とは何のたとえか。簡潔に答えよ。

問五　傍線部④「能得二幾何一」、⑤「其寒亦何可レ忍也」を平仮名ばかりで書き下し文に改めよ。

問六　本文の趣旨として最も適当なものを、次のア～オの中から一つ選べ。

ア　詩は、四季おりおりの風物にふれて季節感をかもし出すことによって完成されたものとなる。

イ　詩は、詩人が極貧の生活を楽しむことができるようになってこそ生き生きとしたものとなる。

ウ　詩は、詩人が自分の逆境を克服する意志を持つと力強く人に迫るものとなる。

エ　詩は、詩人のとぎすまされた感性に従って思いのままに作られるべきである。

オ　詩は、詩人の痛切な生活体験に裏うちされてはじめて感動を呼ぶものとなる。

問一	問二	問三	問四	問五		問六
㋑				④	⑤	
㋺						
㋩						
㊁						

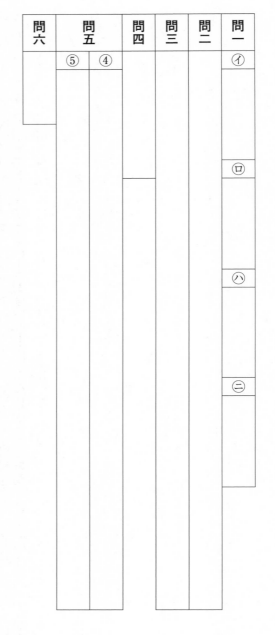

13 次の文章を読んで、後の問いに答えよ。（設問の都合で、返り点・送り仮名を省いたところがある。）

唐《ノ》太宗謂《ヒテ》二侍臣《ニ》一曰《ク》、「古人云《フ》、『鳥《ハ》棲《すムモ》二於林《ニ》一、猶《ホ》恐《レテ》二其《ノ》不《ランコトヲ》レ高《カラ》、復《タ》巣《クフ》二木末《ニ》一。魚《ハ》蔵《かくルルモ》二於泉《ニ》一、猶《ホ》恐《レテ》二其《ノ》不《ランコトヲ》レ[A]《カラ》、復《タ》窟《くつス》二於其《ノ》下《ニ》一。然《レドモ》為《ルハ》二人《ノ》所《ト》レ獲《ル》者、皆由《ルガ》レ貪《ルニ》レ餌《ヲ》故也《ト》』。今人臣受《ケテ》レ任《ヲ》居《リ》二高位《ニ》一、食《はム》二厚禄《ヲ》一。当《ニ》須履忠正、蹈公清。則《チ》無《ク》二災害一、長《ク》守《ラン》二富貴《ヲ》一矣。古人云《フ》、『禍福無《シ》レ門、惟《ダ》人《ノ》所《ト》レ招《ク》』。然《ラバ》陥《おとしいルルハ》二其《ノ》身《ヲ》一者、皆為《ナリ》レ貪《ルガ》二財利《ヲ》一。与《ニ》二魚鳥一何以異哉。卿《けい》等宜《シク》下《シト》思《ヒ》二此《ノ》語《ヲ》一、用《もつテ》為《ス》中鑒《かん》誡《かいト》上」。

（『貞観政要』貪鄙）

〈注〉○鑒誡―いましめ。

問一 空欄[A]に補うのに最も適当な語を、次のア～オの中から一つ選べ。

ア 浅　イ 深　ウ 高　エ 明　オ 温

問二 傍線部①「為二人所一レ獲者、皆由レ貪レ餌故也」について、

(1) 現代語訳せよ。

(2) これは「鳥」と「魚」について述べたものであるが、「人臣」についても同様の意味のことを述べた部分がある。それを本文中より抜き出せ。（返り点・送り仮名は不要。）

問三 傍線部②「須履忠正、蹈公清」は、「須《すべか》らく忠正を履《ふ》み、公清を蹈《ふ》むべし」と訓読する。この読み方に従って、返り点を施せ。

問四 傍線部③「与㆓夫魚鳥㆒何以異哉」を平仮名ばかりで書き下し文に改めよ。

問五 「太宗」は「人臣」についてどうあるべきだと言っているのか。五十字以内で述べよ。

問一

問二
(1)
(2)

問三
須履忠正、蹈公清

問四

問五

14

次の文章を読んで、後の問いに答えよ。（設問の都合で、送り仮名を省いたところがある。）

古之学者《ハ》必《ズ》有《リ》レ師。師《ハ》者(イ)所二以伝《ヘ》レ道《ヲ》受《さづケ》レ業《ヲ》解《ク》レ惑《ヒヲ》也。人非《ズ》二生《マレナガラニシテ》而知《ル》レ之《ヲ》者《ニ》一。①孰能無レ惑。惑《ヒテ》而不《ンバ》レ従《ハ》レ師《ニ》、其《ノ》為《ル》レ惑《ヒ》也《や》、(ロ)終不レ解《ケ》矣。生《マレテ》二乎吾《ガ》前《ニ》一、其《ノ》聞《ク》レ道《ヲ》也、(ハ)固先《ナレバ》二乎吾《ヨリ》一、吾従《ヒテ》而師《トス》レ②之《ヲ》。生《マルトモ》二乎吾《ガ》後《ニ》一、其《ノ》聞《ク》レ道《ヲ》也、亦先《ナレバ》二乎吾《ヨリ》一、吾従《ヒテ》而師《トス》レ之《ヲ》。吾師《トスル》レ道《ヲ》也。③夫《レ》庸《なんゾ》知《ラン》三其《ノ》年之先二後《シテ》一生《マレタルヲ》於吾《ヨリ》一乎。是《ノ》故《ニ》④無《ク》レ貴《ト》無《ク》レ賤、無《ク》レ長《ト》無《ク》レ少、道之所《ハ》レ存《スル》、師之所レ存《スル》也。嗟《あ》乎《あ》、⑤師《ノ》道之不《ル》レ伝《ハラ》也久《シ》矣。欲《スル》二人之無《カラント》レ惑《ヒ》也難《イカナ》矣。

（韓愈「師説」）

問一 傍線部(イ)「所以」、(ロ)「終」、(ハ)「固」の読みを、送り仮名も含めて平仮名ばかりで答えよ。

問二 傍線部①「孰能無レ惑」について、(1)平仮名ばかりで書き下し文に改め、(2)現代語訳せよ。

問三 傍線部②「之」とは何を指すのか。簡潔に答えよ。

問四 傍線部③「庸知㆔其年之先㆓‐後‐生於吾㆒乎」とはどういうことか。次のア〜オの中から最も適当なものを一つ選べ。

ア　相手の年齢はわかるはずがないということ。
イ　相手の年齢など全く問題ではないということ。
ウ　相手の年齢がすぐわかってしまうということ。
エ　相手の年齢など尋ねてはいけないということ。
オ　相手の年齢を是非とも聞きたくなるということ。

問五 傍線部④「無㆑貴無㆑賤、無㆑長無㆑少」を現代語訳せよ。

問六 傍線部⑤「師道」とあるが、韓愈のいう「師道」とはどういうことか。三十字以内で答えよ。

問一 ㋑ ㋺ ㋩

問二 (1) (2)

問三

問四

問五

問六

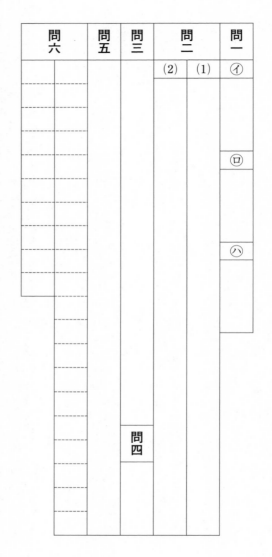

15 次の文章を読んで、後の問いに答えよ。（設問の都合で、送り仮名を省いたところがある。）

秦攻ム二趙ノ邯《かん》鄲《たん》ヲ一。平原君求ム二救ヲ於楚ニ一。択《えら》ビ二門下ノ文武備具スル者二十人ヲ一、与レ之倶ニセントシ、得タリ二十九人ヲ一。毛《もう》遂《すい》(イ)自薦《すすム》。平原君曰ク、「士ノ処ルハレ世ニ、若ク三錐《きり》ノ処ルガ二嚢《なう》中《ちう》ニ一、其ノ末立チドコロニ見ハル。今先生処ルコト二門下ニ一三年、①未ダレ有ラレ聞ユルコト。」毛遂曰ク、「②使ニ遂得レ処ニ嚢中一、乃チ穎《えい》脱《だつ》シテ而出デン。③非ニ特末見ト而已一。」平原君乃チ以テ備フレ数ニ。十九人目シテ二笑スヲ之一。至リレ楚ニ定メントスルモレ従《しよう》ヲ、不レ決セ。毛遂按ジレ剣ヲ歴階シ、升リテ曰ク、「従之利害ハ、両言ニシテ而決セン耳。今、日出デテ而言ヒ、日中シテ不ルハレ決セ、何ゾ也ト。」楚王怒リ叱《しつ》シテ曰ク、「胡(ロ)不ルレ下ラ。吾与ニ而《なんぢ》君ノ一言フ。④汝何為ル者ゾト。」毛遂按ジテレ剣ヲ(ハ)而前ミテ曰ク、「王ノ所ニ以ハ叱スルレ遂ヲ、以テ二楚国之衆ヲ一也。今十歩之内、不ルレ得レ恃《たの》ムヲ二楚国之衆ヲ一也。⑤王之命ハ懸《かか》レリ二於遂ノ手ニ一。合従ハ為ニシテレ楚ノ、非ザルレ為ニレ趙ノ也ト。」王曰ク、「唯《ゐ》唯《ゐ》、(ニ)誠ニ如二先生之言ノ一。

謹《ミテ》奉《ジテ》二社《しや》稷《しよくヲ》一以《テ》従《ハント》。」

（『十八史略』）

〈注〉○秦・趙・楚―いずれも戦国時代の強国。　○邯鄲―趙の都。
○平原君―趙の王子で平原に封ぜられた。当時は趙の宰相であった。
○毛遂―人名。　○嚢―ふくろ。　○穎脱―錐の先がすっぽりつき出ること。
○従―合従のこと。戦国諸侯が同盟して秦にあたる策を指す。　○按レ剣―剣のつかに手をかけること。
○歴階―階段は一段ごとに両足をそろえるのが礼であるが、片足ずつかけてあがること。
○唯唯―はい、はいと、相手に従う意志を表す言葉。　○社稷―国家。

問一　傍線部㋑「自」、㋺「胡」、㋩「前」、㋥「如」の読みを、送り仮名も含めて平仮名ばかりで答えよ。

問二　傍線部①「未レ有レ聞」とは、どういうことを言っているのか。次のア～オの中から、最も適当なものを一つ選べ。

ア　あなたと心からうちとけて話し合ったことがない。
イ　あなたが有能であるという評判は伝わっていない。
ウ　あなたには人から信用されるほどの徳がない。
エ　あなたはまだ道を身につけようと努力していない。
オ　あなたが素直に命令に従ってくれたことはない。

問三　傍線部②「使㆓遂得㆑処㆓嚢中㆒」、③「非㆓特末見而已㆒」を書き下し文に改めよ。

問四　傍線部④「汝何為者」、⑤「王之命懸㆓於遂手㆒」を現代語訳せよ。

問五　この文章のエピソードから「嚢中之錐」という成語ができたが、この成語はどのような意味か、二十字以内で簡潔に記せ。

問一				問二
(イ)	(ロ)	(ハ)	(ニ)	

問三		問四		問五
②	③	④	⑤	

16 次の文章を読んで、後の問いに答えよ。（設問の都合で、送り仮名を省いたところがある。）

燕之初メテ入ルヤレ斉ニ、聞キ二画《くわく》邑《いふ》ノ人王《わう》蠋《しょく》ノ賢ナルヲ一、令シテ二軍中ニ一曰ク、「①環《めぐ》ルコト二画邑ヲ一三十里ニハ無カレトレ入ル。」以テナリ二王蠋之故ヲ一。②已而使二人謂レ蠋曰、「斉人多ク高シトス二子之義ヲ一。吾以テレ子ヲ為シレ将ト、封ゼント二子ヲ万家ニ一。」③蠋固ク謝ス。燕人曰ク、「子不ンバレ聴カ、吾引キテ二三軍ヲ一而屠《ほふ》ラント二画邑ヲ一。」王蠋曰ク、「忠臣ハ不レ（イ）事二二君ニ一、貞女ハ不レ更《あらた》メ二二夫ヲ一。斉王不レ聴カ二吾ガ諫《いさ》メヲ一、故ニ退キテ而耕ス二於野ニ一。国既ニ破亡スレバ、吾不レ能ハレ存スル。今又劫《おびや》カスニレ之ヲ以テシテレ兵ヲ為ルハ二君ガ将ト一、是レ助ケテレ桀《けつ》ヲ為スレ暴ヲ也。④与リハ二其ノ生キテ而無カランレ義、固ヨリ不レ如カレ烹《に》ラルルニ。」遂ニ経《か》ケ二其ノ頸《くび》ヲ於樹枝ニ一、自ラ奮ヒ絶チテレ脰《くび》ヲ而死ス。

（『史記』田単列伝）

〈注〉 ○燕・斉―戦国時代の国名。　○画邑―都市の名。　○屠―人を殺すこと・攻めほろぼすこと。
○桀―夏の桀王。暴君であった。

問一 傍線部①「環二画邑一三十里無レ入」とあるが、このように命令した目的は何か。二十五字以内で答えよ。

問二　傍線部②「已而使二人謂一蠋曰」を書き下し文に改めよ。

問三　傍線部③「蠋固謝」とあるが、王蠋はなぜ燕の申し出をことわったのか。次のア～オの中から最も適当なものを一つ選べ。

ア　斉王に放逐された自分の能力が過大に評価され、将軍という身に余る待遇に負担を感じたから。
イ　斉には長年つれそった妻がいて、燕の女性を新たに妻とすることは道に反すると思ったから。
ウ　斉の家臣でありながら燕の侵攻を防ぐことができず、捕縛されてしまったことを恥じたから。
エ　斉の国が滅んだ今となっては、政治の世界を離れ農民となって自適の暮らしを送りたかったから。
オ　武力で加担を迫る燕の臣下となることは、暴虐であった桀王に手を貸すのと同じことだから。

問四　傍線部㋑「事」と同じ意味の「事」を含む熟語として最も適当なものを、次のア～オの中から一つ選べ。

ア　大事　イ　行事　ウ　人事　エ　師事　オ　理事

問五　傍線部④「与二其生而無一レ義、固不レ如レ烹」を現代語訳せよ。

問一	問二	問三	問四	問五

17 次の文章を読んで、後の問いに答えよ。（設問の都合で、送り仮名を省いたところがある。）

金華《ノ》戴《たい》元《げん》礼《れいハ》、国初《ノ》名医《ナリ》。嘗《テ》㋑被レ召《サ》至《リ》二南京《ニ》一、見《ル》二一医家《ヲ》一。迎求《スルモノ》溢《あふレ》レ戸《ニ》、酬応《スルコト》不レ間《いとまアラ》。元礼意《おもヒ》下必《ズ》深《キ》二于術《ニ》一者《ナラント》上、注《ス》二目《ヲ》焉《これニ》一。ⓐ按《あんジ》レ方《ヲ》発《スルコトヲ》レ剤、皆無《シ》二他異一。退《キテ》而①怪《シミ》レ之《ヲ》、日《ビ》往《キテ》観《ル》レ焉《これヲ》。㋺偶《ノ》一人《ノ》求《ムル》レ薬《ヲ》者《アリ》、既《ニ》去《ル》。追《ヒテ》而告《ゲテ》レ之《ニ》曰《ク》、臨《ミテ》二煎《せんズル》時《ニ》一下《セト》二錫《すず》一塊《ヲ》一。麾《きシテ》レ之《ニ》去《ル》。元礼始《メ》大《イニ》異《トスルモ》レ之《ヲ》、念《おもヒ》レ無《キヲ》二以《テ》レ錫《ヲ》入《ルル》レ煎剤《ニ》法一、特《ニ》叩《こうス》レ之《ニ》。答《ヘテ》曰《ク》、②是《レ》古《ノ》方《ナル》㋩爾《ト》。元礼求《ムレバ》レ得《ンコトヲ》二其《ノ》書《ヲ》一、乃《チ》錫《たうノ》字《ナル》耳。元礼急《ギ》㋥為正《ス》レ之《ヲ》。嗚呼、不《シテ》レⓑ弁《ゼ》二錫錫《ヲ》一而医者《ナリ》。③世胡可二以弗一レ謹哉。

（陸深『金台紀聞』）

〈注〉○金華—地名。　○国初—王朝のはじめ。ここでは明代のはじめ。　○南京—地名。
○酬応—応答する。　○按—考える。　○錫—金属元素の一つ、すず。　○麾—指図する。
○叩—問う。　○餳—（食品の）あめ。　○謹—気をつける。

問一 傍線部㋑「被」、㋺「偶」、㋩「爾」、㋥「為」の読みを、送り仮名も含めて平仮名ばかりで答えよ。

問二 傍線部ⓐ「方」、ⓑ「弁」の意味を、それぞれ「方」「弁」の字を含む二字の熟語にして答えよ。

問三 傍線部①「怪ㇾ之」とあるが、戴元礼はなぜ怪しんだのか、説明せよ。

問四 傍線部②「嗚呼、不ㇾ弁㆓錫錫㆒而医者」とあるが、結局どのようなことを言おうとしているのか、簡潔に説明せよ。

問五 傍線部③「世胡可㆓以弗㆒ㇾ謹哉」について、
(1) 平仮名ばかりで書き下し文に改めよ。
(2) 平易な現代語に訳せ。

問一		問二		問三	問四	問五	
㋑		ⓐ				(1)	(2)
㋺		ⓑ					
㋩							
㊁							

18

次の文章を読んで、後の問いに答えよ。（設問の都合で、送り仮名を省いたところがある。）

唐ノ僖宗ノ時、于《う》祐《いう》晩ニ歩キ二禁渠一ヲ、得タリ二一紅葉一ヲ。上ニ有リテレ詩云フ、

流水何ゾ太急ナル　深宮尽日閑《しづカナリ》

慇《ねん》懃《ごろ》ニ謝ス二紅葉ニ一　好シ去レ到レト二人間ニ一

祐復タ題シテ二葉ニ一云フ、

曾テ聞ク葉上ニ題スルヲ二紅怨ヲ一　葉上ニ題シテレ詩ヲ寄セント/スルト二阿《た》誰《れ》ニカ一

俾シム三流レテ入ラ二宮中ニ一。祐後ニ倚ル二中貴人韓泳ノ門館ニ一。泳曰ク、「韓夫人久シク在リテ二宮中ニ一、今出ヅ二禁庭ヲ一。使ムルハレ聘《へい》セレ子ニ何如。」祐曰ク、「窮困ノ書生、寄ル二食スレバ門下ニ一、安敢復望。」泳乃チ令ム下人ヲシテ通ジ二媒酌ヲ一、交《かは》サ中二姓之好《よしみ》ヲ上。韓氏于《おい》テ二笥中ニ一見レ葉ヲ、大イニ驚キテ曰ク、「此レ吾ノ所レ作ル。吾于イテ二水中ニ一、亦得タリト二紅葉ヲ一。」即チ祐ノ所レ題スル。相対シ泣キテ曰ク、「事豈ニ偶然ナラン。莫シレ非ザルハ二前定マレルニ一。」因作ル二

感懐ノ詩ヲ一、

一聯《れん》ノ佳句随《まかせ》ニ流水ニ一　十載ノ幽思満ツ二素懐ニ一

今日却《かへ》ツテ成リ二鸞《らん》鳳《ほう》ノ友ト一　方《まさ》ニ知ル紅葉ハ是レ良媒ナルヲ

（起北斎『繡谷春容』）

〈注〉○僖宗—唐の皇帝、在位八七三～八八八年。　○于祐—人名。　○禁渠—宮中の庭園を通って流れ出る小川。
○好去—お元気で（旅立つ者に贈る挨拶の言葉）。　○紅怨—後宮に暮らす宮女の切ない思い。
○中貴人韓泳門館—宦官であった韓泳。「門館」は、門下の食客の宿所、また食客をいう。
○韓夫人—韓という姓の後宮に仕える上級の宮女。夫人は皇后に次ぐ身分を示す称号。
○出二禁庭一—皇帝に仕え外の社会へ出ることを許されない宮女が後宮から解放される。
○聘—妻として迎える。結婚する。　○笥—竹製の箱。　○素懐—心の中。　○鸞鳳—鸞鳥と鳳凰。夫婦のたとえ。

問一　二重傍線部「有レ詩」とあるが、(1)この詩の詩型を答えよ。(2)押韻字をすべて抜き出して答えよ。

問二　傍線部㋑「太」、㋺「曾」、㋩「何如」、㊁「因」の読みを、送り仮名も含めて平仮名ばかりで答えよ。

問三　傍線部①「安敢復望」を、(1)書き下し文に改めよ。(2)わかりやすく現代語訳せよ。

問四　傍線部②「事豈偶然。莫レ非二前定一」について、(1)わかりやすく現代語訳せよ。(2)どういうことか、二人がこのように言った理由がわかるように説明せよ。

問一		問二				問三		問四	
(1)	(2)	㋑	㋺	㋩	㊁	(1)	(2)	(1)	(2)

19

次の文章を読んで、後の問いに答えよ。（設問の都合で、返り点・送り仮名を省いたところがある。）

吾昔少年ノ時、所レ居ル書室ノ前ニ、有リ二竹柏雑花叢生シテ満ツルレ庭ニ一。衆鳥巣クフ二其ノ上ニ一。武陽君（イ）悪二殺生ヲ一。児童婢僕、皆不レ得三捕二取スルヲ鳥雀一ヲ。数年ノ間、①皆巣於低枝、其鷇《ひな》可俯而窺也。又有リテ二桐《どう》花《くわ》鳳《ほう》四五一、日《ひび》ニ翔カケリ二集マル其ノ間ニ一。此ノ鳥ハ羽毛ⓐ至ツテ為ス二珍異ニシテ難シト一レ見。而ルニ能ク馴《じゅん》擾《ぜう》シ、殊《こと》ニ不レ畏レ人ヲ。閭里ノ間見テレ之ヲ、以テ為ス二異事ト一。ⓑ此レ無シレ他。不《ふ》忮《し》之誠、②信ゼラル二於異類ニ一也。有リテ二野老一言フ、「鳥雀巣クフニ去ルコトレ人ヲ太《はなは》ダ遠ケレバ、則チ其ノ子有リ二蛇鼠狐狸鴟《し》鳶《えん》之憂ヒ一。人既ニ不レバレ殺サ、則チ自ラ近ヅクニレ人ニ者、欲スレバレ③免レント二此ノ患《うれ》ヒヲ一也ト。」（ロ）由レ是観レバレ之ヲ、④異時鳥雀巣クフニ、不ル二敢ヘテ近ヅカレ人ニ者、以テレ人ヲ為セバレ甚ダシト二於蛇鼠之類ヨリモ一也。苛政ハ猛ナリトハ二於虎ヨリモ一、信《まこと》ナル哉《かな》。

（蘇軾「記先夫人不残鳥雀」）

〈注〉　○武陽君―筆者（蘇軾）の母。　○鷇―ひなどり。　○桐花鳳―鳥の名。
○馴擾―人によく懐く。　○閭里―村里。　○不忮―危害を加えない。
○鴟鳶―鳶《とび》などの猛禽類《もうきんるい》。

問一　傍線部㋑「悪」、㋺「由㆑是」の読みを、送り仮名も含めて平仮名ばかりで答えよ。

問二　傍線部ⓐ「至」、ⓑ「無㆑他」の意味を答えよ。

問三　傍線部①「皆巣於低枝、其鷇可俯而窺也」に返り点を施せ。（送り仮名は不要。）

問四　傍線部②「信㆓於異類㆒也」を書き下し文に改めよ。

問五　傍線部③「此患」とは、どういうことか。

問六　傍線部④「異時鳥雀巣、不㆓敢近㆒㆑人者、以㆑人為㆑甚㆓於蛇鼠之類㆒也」を現代語訳せよ。

問一	問二	問三	問四	問五	問六
㋑ ㋺	ⓐ ⓑ	皆巣於低枝、其穀可俯而窺也			

20 次の文章を読んで、後の問いに答えよ。（設問の都合で、送り仮名を省いたところがある。）

斉《ノ》宣王問《ヒテ》曰《ク》、文王之囿《いうハ》、方七十里《ト》。①有レ諸。孟子対《ヘテ》曰《ク》、於《イテ》レ伝《ニ》有《リト》レ之。曰《ク》、②若《ク》レ是《クノ》其《レ》大《ナル》乎《ト》。曰《ク》、民猶《ホ》以《テ》為《ス》レ小《ト》也《ト》。曰《ク》、寡人之囿《ハ》、方四十里《ナルモ》、③民猶以為レ大、何也。曰《ク》、文王之囿《ハ》、方七十里《ナルモ》、芻《すう》蕘《ぜうノ》者《モ》往《キ》焉、雉《ち》兎《とノ》者《モ》往《キ》焉、与レ民同《ジウス》レ之《ヲ》。民以《テ》為《スモ》レ小《ト》、④不二亦宜《むべナラ》一乎。臣始《メテ》至《ルヤ》二於境《ニ》一、問《ヒテ》二国之大禁《ヲ》一、然《ル》後《ニ》敢《ヘテ》入《ル》。⑤臣聞《ク》、郊関之内《ニ》、有《リ》二⑥囿《ノ》方四十里《ナル》一。殺《ス》二其《ノ》麋《び》鹿《ろくヲ》一者《ハ》如《シ》二殺《ス》レ人《ヲ》之罪《ノ》一。則《チ》是《レ》方四十里、為《つくルナリ》二阱《せいヲ》於国中《ニ》一。民以《テ》為《スモ》レ大《ト》、不二亦宜《ナラ》一乎。

（『孟子』梁恵王下）

〈注〉○斉宣王―戦国時代の斉の宣王。　○文王之囿―周の文王の狩場。　○芻蕘者―草刈りと木こり。
○雉兎者―雉や兎を狩る者。　○大禁―重要な禁令。　○郊関―郊外の関所。　○麋―鹿の一種。

○阱―落し穴。

問一　傍線部①「有レ諸」、③「民猶以為レ大、何也」を平仮名ばかりで書き下し文に改めよ。

問二　傍線部②「若レ是其大乎」、④「不二亦宜一乎」をわかりやすく現代語訳せよ。

問三　傍線部⑤「臣聞」はどこまでかかるか。末尾の二字を抜き出せ。（訓点は不要。）

問四　傍線部⑥「為二阱於国中一」は比喩表現である。いかなる事実をこのように表現したのか、その事実を記せ。

問五　文王の方七十里の囿を民が狭いと考えた理由は何か。具体的に五十字以内で答えよ。

問一 ① ③

問二 ② ④

問三

問四

問五

21

次の文章を読んで、後の問いに答えよ。（設問の都合で、送り仮名を省いたところがある。）

文帝遊ビ二上林苑ニ一、問フ二所ノレ養フ禽獣ヲ一。①尉尽不レ能レ対。(イ)下吏自レ傍《かたはら》対二上ノ所ニレ問フ。②欲シテ三以テ観《しめ》サント二其ノ能ヲ一、口対シテ亡《なシ》レ窮マルコト。上曰ク、③「吏当レ如レ此。」以テレ吏ヲ欲スレ代ヘントレ尉ニ。張《ちやう》釈《せき》之《し》前《すすミテ》曰ク、「陛下以二為《おもヘル》絳《かう》侯ハ何如ナル人ト一也ト。」上曰ク、「長者ナリト。」復タ問フ、「東陽侯ハ何如ナル人ト也。」上復タ曰ク、「長者ナリト。」釈之曰ク、(ロ)「夫称シテ二両侯ヲ一為スニ長者ト一。然レドモ両人言ヒテハレ事ヲ④猶ホシレ不ルガレ能ハレ出スコトレ口ニ。且ツ秦ハ以テレ任《おもン》ズルヲ二刀筆之吏ヲ一、吏争ヒテ以テ二苛察スルヲ一相高シトス。其ノ敝ハ徒ダ文具《そなハル》耳。(ハ)無シ二惻隠之実一。故ニ至リテ二於二世ニ一、天下土崩ス。今陛下以テ二口弁ヲ一而重二用スレバ之ヲ一、臣恐ル下天下ノ随ヒテレ風ニ靡《なびキ》、争ヒテ二口弁ヲ一亡ハンコトヲ中其ノ実ヲ上。挙措ハ不ルレ可カラレ不ルレ察セ也ト。」

（『史記』張釈之列伝）

〈注〉○文帝―前漢の第五代皇帝。　○上林苑―天子の狩り場。　○尉―ここでは狩り場を管理する上級の役人。
○下吏―下級の役人。　○張釈之―人名。　○絳侯―周勃のこと。建国の功臣。　○東陽侯―張相如のこと。

○刀筆之吏―文書を記すしか能のない小役人。　○苛察―微細なことにまできびしく目を光らせること。
○敝―弊害。　○文具―法令だけが形式的に備わっていること。　○惻隠―哀れみいたむ。
○挙措―人事。登用や退職、地位の移動など。

問一　傍線部㋑「自」、㋺「夫」、㋩「耳」の読みを、送り仮名も含めて平仮名ばかりで答えよ。

問二　傍線部①「尽 不ﾚ能ﾚ対」について、

(a)　平仮名ばかりで書き下し文に改めよ。

(b)　現代語訳せよ。

(c)　「不ﾚ能ﾆ尽 対ｰ」となった場合の、(1)平仮名ばかりでの書き下し文と、(2)現代語訳をそれぞれ答えよ。

問三　傍線部②「欲ﾐ以 観ﾆ其 能ｰ、口 対 亡ﾚ窮」を、主語を補って解釈せよ。

問四　傍線部③「当ﾚ如ﾚ此」の読み方として最も適当なものを、次のア～オの中から一つ選べ。

ア　まさにここにゆかんとすと

イ　まさにかくのごとくならんと

ウ　まさにこれにしくをやと

エ　まさにこれにしくべしと

オ　まさにかくのごとくなるべしと

問五　傍線部④「猶ﾚ不ﾚ能ﾚ出ﾚ口」とはどういうことか。簡潔に答えよ。

問六　張釈之の主張として最も適当なものを、次のア〜オの中から一つ選べ。

ア　役人を替えるには、もの知りであるかどうかということを考慮すべきだ。
イ　役人を選ぶには、どういう人物であるかをよく観察すべきだ。
ウ　役人にたずねるには、どういう担当であるかをまず質問すべきだ。
エ　役人を評価するには、弁才があるかどうかということで判断すべきだ。
オ　役人をやめさせるには、立ち居ふるまいのよしあしをまず調査すべきだ。

問一			問二				問三	問四	問五	問六
㋑	㋺	㋩	(a)	(b)	(c) (1)	(c) (2)				

22 次の文章を読んで、後の問いに答えよ。（設問の都合で、送り仮名を省いたところがある。）

楚人伐《チ》レ宋《ヲ》以《テ》救《フ》レ鄭《ヲ》。宋公将《ニ》レ戦《ハント》。大司馬固《ク》諫《メテ》曰《ク》、「天之棄《ツルヤ》レ商《ヲ》久《シ》矣。君将《ニ》レ興《サント》ⓐ之《ヲ》。弗《ル》レ可《カラ》レ赦《ゆるサル》也已《ト》。」弗《カ》レ聴。及二楚人《と》一戦《フ》二于泓《わうニ》一。宋人既《をへ》レ成《シ》レ列《ヲ》、楚人未《ダ》レ既《へ》レ済《わたり》。司馬曰《ク》、「ⓑ彼ⓒ衆《ク》我寡《シ》。及《ビテ》二其《ノ》未《ダ》一レ既《へ》レ済《リ》也、請《フ》撃《タント》レ之《ヲ》。」公曰《ク》、「不可《ナリト》。」既《ヘテ》レ済《リ》而未《ダ》レ成《サ》レ列《ヲ》。又以《テ》①告《グルニ》。公曰《ク》、「未《ダ》レ可《ナラ》。」既《ハリテ》レ陳《ならビ》而後撃《ツ》レ之《ヲ》。宋師敗績《シ》、公傷《ツキ》レ股《ヲ》、門官殲《つク》焉。国人皆咎《とがム》レ公《ヲ》。公曰《ク》、「(イ)君子《ハ》不レ重《ネ》レ傷《ヲ》、不レ禽《とりこニセ》二二毛《ヲ》一。古之為《ス》レ軍《ヲ》也、不《ル》レ以《テセ》二阻《そ》隘《あいヲ》一也。寡人雖二亡国之余《ト》一、不《ト》レ鼓《うタ》レ不《ルニ》レ成《サ》レ列《ヲ》。」子魚曰《ク》、「君未《ダ》レ知《ラ》レ戦《ヒヲ》。勍《けい》敵之人、隘《ニシテ》而不《ルハ》レ列《ならバ》、天賛《たすクル》レ我《ヲ》也。②阻《ニシテ》而鼓《ツ》レ之《ニ》、不二亦可《ナラ》一乎。猶有《リ》レ懼《おそレ》焉。且《ツ》今之勍《つよキ》者《ハ》、皆吾《ガ》敵也。雖《モ》レ及《ブト》二胡耇《こうニ》一、獲《レバ》則《チ》取《ラン》レ之《ヲ》、何《カ》有《ランヤ》二於二毛《ニ》一。明《ニシ》レ恥《ヲ》教《フルハ》レ戦《ヒヲ》、求《ムル》レ殺《スヲ》レ敵《ヲ》也。傷《ツキテ》未《ダ》《レバ》レ及《バ》レ死《ニ》、③如何勿レ重。㋺若愛《をしメバ》レ重《ヌルヲ》レ傷《ヲ》、則《チ》如《しカンヤ》レ勿《キニ》レ傷《ツクル》。
愛《メバ》二其《ノ》二毛《ヲ》一、則《チ》如《カン》《ヤト》レ服《スルニ》焉。」

（『春秋左氏伝』）

〈注〉○大司馬・司馬—司令長官の子魚のこと。　○商—殷（＝商）王朝の子孫の国である宋のこと。
○泓—川の名。　○宋師—宋の軍隊。　○門官—近衛兵。君主の左右を守る官。
○二毛—白髪まじりの老人。　○阻隘—地形が険しいところ。　○勍敵—強敵。　○胡耇—九十歳の老人。

問一　傍線部㋑「雖」、㋺「若」の読みを、送り仮名も含めて平仮名ばかりで答えよ。

問二　波線部ⓐ「之」、ⓑ「彼」、ⓒ「我」は、それぞれ何を指すか。文中の語で答えよ。

問三　傍線部①「告」とあるが、何を告げたのか。二十五字以内で答えよ。

問四　傍線部②「阻而鼓レ之、不二亦可一乎」とはどういう意味か。次のア〜オの中から最も適当なものを一つ選べ。

ア　戦闘に不利な場所に入り込んだならば、戦いをやめて撤退するのが得策であろう。
イ　敵軍の足場が悪いのにつけ込んで攻撃することは、なんと良策ではないか。
ウ　相手の虚をついてうちやぶるのは、正しい戦い方とはいえないのではないか。

エ　身動きのとりにくい土地で戦いをすることは、出来るだけ避けるべきであろう。

オ　敵軍を険しい場所に追い込んで攻めたてるのも、よい作戦かもしれない。

問五　傍線部③「如何勿レ重」の読み方として最も適当なものを、次のア～オの中から一つ選べ。

ア　いかんせんかさぬるなかれ。

イ　いかんせんかさぬるなからん。

ウ　いかんぞかさぬるなかれ。

エ　いかんぞかさぬるなからん。

オ　いかんしてかさぬるなきや。

問六　二重傍線部「君子不レ重レ傷」という発言に対して、子魚はどのような論理で批判しているのか。六十字以内で答えよ。

問一	㋑		㋺	
問二	ⓐ		ⓑ		ⓒ	
問三				
問四		問五		
問六				

23 次の文章を読んで、後の問いに答えよ。（設問の都合で、送り仮名を省いたところがある。）

銀銭《ハ》一物、原《もとヨリ》不レ可《カラ》レ少《ナカル》、亦不レ可《カラ》レ多《カル》。多則《ケレバチ》難《ク》二于運用《スルニ》一、少則《ナケレバチ》難《シ》二于進取《スルニ》一。㋑蓋運用《ニハ》要《シ》レ縈《めぐらスヲ》レ心《ヲ》、進取《ニモ》亦要《ス》レ縈《スヲ》レ心《ヲ》。①従《よりテ》レ此《ニ》一生労《らう》碌《ろくシ》、日夜不レ安《カラ》、而《シテ》人《モ》亦随《ヒテ》レ之《ニ》衰《すい》憊《はいス》。②須レ要二不レ多不一レ少。又能《ク》知《リテ》レ足《ルヲ》撙《そん》節《せつシ》、以《テ》経二-理《スレバ》之《ヲ》一、則《チ》綽《しやく》綽《しやく》然《トシテ》有《リ》二余裕一矣。

余年六十《ニシテ》、㋺尚無《ク》二二毛一、③無《ク》レ不《ルハ》二称羨《セ》一、以《テ》為《ス》三必《ズ》有《ラント》二養生之訣一。一日、余与二一富翁一寒士一坐《シテ》談《ズ》。両人《ノ》年紀《ハ》皆未《ダ》《ルニ》レ過《ギ》二五十《ヲ》一、㋩倶鬢髪蒼然、精神衰《ヘタリ》矣。因《リテ》問《フ》二余《ニ》修養之法《ヲ》一。余笑《ヒテ》而不レ答《ヘ》。別《レテ》後《ニ》謂《ヒテ》レ人《ニ》曰《ク》、「④銀銭《ハ》怪物、令《ムト》二人《ヲシテ》髪白《カラ》一。」言《フ》二其《ノ》一《ハ》太《はなはダ》多《ク》、一《ハ》太《ダ》少《ナキヲ》一也。

（銭泳『履園叢話』臆論）

〈注〉　○銀銭―金銭と同じで、お金のこと。　○進取―努力して手に入れようとする。

○労碌—あくせく苦労する。　○衰憊—疲れ果てる。　○撙節—節約する。
○二毛—白髪まじりの髪の毛。　○称羨—ほめたたえうらやましがる。　○訣—秘訣。
○寒士—貧乏人。　○年紀—年齢。　○鬚髪—あごひげと頭髪。
○蒼然—灰色の状態。

問一　傍線部㋑「蓋」、㋺「尚」、㋩「倶」の読みを、送り仮名も含めて平仮名ばかりで答えよ。

問二　傍線部①「此」の指す内容を四十字以内で説明せよ。

問三　傍線部②「須レ要二不レ多 不一レ少」を書き下し文に改めよ。

問四　傍線部③「無レ不二称 羨一、以 為三必 有二養 生 之 訣一」を現代語訳せよ。

問五　傍線部④「銀 銭 怪 物」とあるが、これはどのようなことを言っているのか。簡潔に説明せよ。

問一	問二	問三	問四	問五
㋑ ㋺ ㋩				

24 次の文章を読んで、後の問いに答えよ。（設問の都合で、送り仮名を省いたところがある。）

鄒《すうノ》穆《ぼく》公有《リ》レ令《スル》二食《やしなフ》レ雁《がんヲ》者一《ニ》、「必《ズ》以《テセヨ》レ粃《しひなヲ》、①毋二敢以一レ粟《ぞく》。」於《イテ》レ是《ニ》倉《ニ》無《クシテ》レ粃、而求《メ》二易《かへンコトヲ》於民一《ニ》、二石《ノ》粟而《ニシテ》易《フ》二一石《ノ》粃一《ニ》。吏請《ヒテ》曰《ク》、「以《テ》レ粃《ヲ》食《フハ》レ雁《ヲ》、為レ無《キガ》レ費《つひえ》也。今求《ムルニ》二粃《ヲ》於民一《ニ》、二石《ノ》粟而《ニシテ》易《フ》二一石《ノ》粃一《ニ》。以《テ》レ粃《ヲ》食《フハ》レ雁《ヲ》、則《チ》費甚《ダシ》矣。請《フ》以《テ》レ粟《ヲ》食《ハント》レ之《ヲ》。」公曰《ク》、「去《レ》、非《ザル》二汝《ノ》所《ニ》一レ知《ル》也。夫《レ》百姓煦《くシテ》レ牛《ヲ》而耕《シ》、曝《さらシテ》レ背《ヲ》而耘《くさぎり》、②苦勤而不二敢怠一者、豈為二鳥獣一也哉。粟米《ハ》人之上食也。(イ)奈何其《レ》以《テ》養《ハン》レ鳥《ヲ》也。且《ツ》汝知《ルモ》二③小計《ヲ》一、而不レ知《ラ》二大計《ヲ》一。周《ノ》諺《ことわざニ》曰《ク》、『④囊《ふくろ》漏《ルルモ》貯《フト》レ中《ニ》。』汝独《リ》弗《ル》レ聞《カ》歟《か》。夫《レ》君《ナル》者《ハ》、民之父母也。取《リテ》二倉之粟《ヲ》一、⑤移《シテ》レ之《ヲ》与《フルモ》レ民《ニ》、此《レ》非《ザル》二吾《ガ》粟一《ニ》乎。鳥(ロ)苟食《くらハバ》二鄒之粃《ヲ》一、不《ル》レ害《アラ》二鄒之粟《ニ》一(ハ)而已。粟之在《ルト》レ倉《ニ》与《ニ》二其《ノ》在《ル》一レ民《ニ》、於《イテ》レ吾《ニ》何《いづレカ》択《えらバント》。」

（賈誼『新書』）

〈注〉○鄒―戦国時代の国名。　○食レ雁者―あひるを飼育する役人。　○粃―よく実らない粗末な穀物。
○粟―穀物。よく実った穀物。　○煦レ牛―牛を養育すること。

問一　傍線部(イ)「奈何」、(ロ)「苟」、(ハ)「而已」の読みを、送り仮名も含めて平仮名ばかりで答えよ。

問二　傍線部①「毋二敢以レ粟」を書き下し文に改めよ。

問三　傍線部②「苦勤而不二敢怠一者、豈為二鳥獣一也哉」とは、どういう意味か。最も適当なものを、次のア～オの中から一つ選べ。

ア　人民に労働を強制してなまけさせないのは、動物を立派に育て上げるためだ。
イ　人民の中に懸命に働く者となまける者とがいるのは、動物に対する気持ちの違いによる。
ウ　人民が苦労して働きなまけようとしないのは、動物を養うためではない。
エ　人民が労働に励むふりをしながらなまけているのは、動物のために苦労したくないからだ。
オ　人民はたとえ働き者であろうとなまけ者であろうと、動物よりもずっと大切な存在だ。

問四　傍線部③「小計」とは結局どういうことか。最も適当なものを、次のア～オの中から一つ選べ。

ア　二石の粟を一石の粃と交換しようという考え。
イ　人民に粟と粃の交換を求めようという考え。
ウ　財政面から粟であひるを飼う方がよいという考え。
エ　人民のためには粃であひるを飼うのがよいという考え。
オ　あひるの飼育を厳しく禁止するのがよいという考え。

問五　傍線部④「嚢漏貯レ中」とは、たとえばどのようなことか。最も適当なものを、次のア〜オの中から一つ選べ。

ア　財布の金を使い終えても、家にはまだ余るほどの財産がある。
イ　多少のむだ使いをしても、毎月少しずつ蓄えておけば大金になる。
ウ　どんなに立派な器でも、底がぬけると水を溜めることはできない。
エ　家の中でお金をなくしても、家族の誰かが手に入れて使う。
オ　少しくらいは欠点がないと、人から愛されることはむつかしい。

問六　傍線部⑤「粟之在レ倉与二其在一民、於レ吾何択」を、現代語訳せよ。

問一	㋑		㋺		㋩		
問二							
問三		問四		問五			
問六							

25

北宋の詩人陳師道《ちんしどう》は、官途に就けなかったため妻子を舅《しゅうと》に託していた。ところが、舅は蜀（現在の四川省）の地に赴任することになり、妻子も蜀に旅立つことになった。次の詩は、その時の別れに際して詠まれたものである。これを読んで、後の問いに答えよ。（設問の都合で、返り点・送り仮名を省いたところがある。）

夫婦死同穴　父子貧賤離

①天下寧《いづくンゾ》有此　昔聞今見之

母前三子後　熟視不得追

嗟《あ》乎《あ》胡《なんゾ》不仁　②使我至於斯

有女《むすめ》初束髪　(イ)已知生離悲

枕我不(ロ)肯起　畏我従此辞

大児学語言　拝《はい》揖《いふ》③未勝衣

喚《さけブ》爺《ちちヨ》我欲去　④此語那可思

A

B

（陳師道「別三子」）

C

D

〈注〉　○夫婦死同㆑穴――この語句は「詩経」を踏まえる。「同㆑穴」は、同じ墓に葬られること。
○不仁――無慈悲なこと。　　○束㆑髪――髪を結う。成童の年（十五歳）に達したことをいう。
○拝揖――両腕を胸の前で組んでお辞儀する。

問一　傍線部㋑「已」、㋺「肯」の読みを、送り仮名も含めて平仮名ばかりで答えよ。

問二　傍線部①「天下寧有㆑此」の解釈として最も適当なものを、次のア～オの中から一つ選べ。

ア　世の中でどちらがより不幸なことなのだろうか。
イ　世の中の誰がこんな珍しい体験をしたであろうか。
ウ　世の中にどうしてこんなつらいことが起きようか。
エ　いつの世になったらこんな苦しみから逃れられるのだろうか。
オ　どうすれば世の中からこんな嘆かわしいことがなくせるのだろうか。

問三　傍線部②「使我至於斯」を訓読する際に施す返り点として最も適当なものを、次のア～オの中から一つ選べ。

ア　使㆔我至㆓於斯㆒
イ　使㆑我至㆓於斯㆒

ウ　使ニ我至於斯一

エ　使レ我至於レ斯

オ　使ニ我至レ於レ斯

問四　傍線部③「未レ勝レ衣」を平仮名ばかりで書き下し文に改めよ。

問五　傍線部④「此語那可レ思」の解釈として最も適当なものを、次のア～オの中から一つ選べ。（「那」は「なんぞ」と訓読する。）

ア　こんなことをなぜ口にしようとするのか

イ　この言葉はつらくて思い返すこともできない

ウ　こんなことを言うようになったのはどうしてか

エ　こんな言葉を息子が口にできるはずがない

オ　これは息子の本心から出た言葉ではあるまい

問六　空欄[A]～[D]には、次のa～dの四句が入る。最も適当な順に並べたものを、次のア～オの中から一つ選べ。

a　汝ノ哭《な》クハ猶ホ在リレ耳ニ　　b　抱キ負《お》ハレテ有リ二母ノ慈シミ一

c　我ガ懐《おも》ヒ人得シヤレ知ルヲ　　d　小児ハ襁《きやう》褓《ほう》ノ間

〈注〉○襁褓間―ねんねこ（幼児を背負って羽織る上着）の中。

ア c・d・b・a
イ c・a・d・b
ウ d・b・c・a
エ d・b・a・c
オ a・c・d・b

問一	問二	問四	問五
㋑			
㋺	問三		問六

26 次の文章を読んで、後の問いに答えよ。（設問の都合で、送り仮名を省いたところがある。）

硯《すずりト》与《ハ》二筆墨一、蓋《シ》気類《スル》也。出処相近《ク》也、任用寵遇相近《キ》也。①独寿夭《えう》不二相近一也。筆之寿《ハ》以《テ》レ日《ヲ》計《かぞへ》、墨之寿《ハ》以《テ》レ月《ヲ》計《ヘ》、硯之寿《ハ》以《テ》レ世《ヲ》計《フ》。其《ノ》故《ハ》(イ)何也。其《ノ》為《たル》レ体也、筆最《モ》鋭《ク》、墨次《ギ》レ之《ニ》、硯鈍《キ》者也。②豈《ニ》非《ズ》二鈍《キ》者寿《ニシテ》而鋭《キ》者夭《ナルニ》一乎。其《ノ》為《ル》レ用也、筆最《モ》動《キ》、墨次《ギ》レ之《ニ》、硯静《カナル》者也。豈《ニ》非《ズ》二静《カナル》者寿《ニシテ》而動《ク》者夭《ナルニ》一乎。吾(ロ)於レ是得《タリ》レ養《フヲ》レ生《ヲ》焉。以《テ》レ鈍《ヲ》為《シ》レ体《ト》、以《テ》レ静《ヲ》為《サン》レ用《ト》。或《ヒト》曰《ク》、「寿夭《ハ》数也。非《ズ》二鈍鋭動静《ノ》所《ニ》レ制《スル》。借《た》令《とヒ》筆不レ鋭《カラ》不レ動《カ》、吾知《ル》二其《ノ》不《ルヲ》レ能《ハ》二与《ともニ》レ硯《ト》久遠《ナル》一也《ト》。」雖《モ》レ然《リト》、寧《ロ》為《ストモ》レ A此《ヲ》勿《カレ》レ為《ス》レ B彼《ヲ》也。

銘《ニ》曰《ク》、「③不レ能《ハ》レ鋭《キコト》、(ハ)因以《テ》レ鈍《ヲ》為《ス》レ体《ト》。不レ能《ハ》レ動《クコト》、因以《テ》レ静《ヲ》為《ス》レ用《ト》。惟《ダ》其《レ》然《リ》、是《ヲ》以《テ》能《ク》永《ながラフト》レ年《ヲ》。」

（唐庚「家蔵古硯銘」）

〈注〉○気類―文房具として同類のものである。　○出処―使用状況。　○任用寵遇―使用方法。　○体―姿。かたち。
○用―作用。働き。　○数―運命。

問一　傍線部㋑「何也」、㋺「於レ是」、㋩「因」の読みを、送り仮名も含めて平仮名ばかりで答えよ。

問二　傍線部①「独寿夭不二相近一也」を書き下し文に改めよ。

問三　傍線部②「豈非二鈍者寿而鋭者夭一乎」を現代語訳せよ。

問四　傍線部A「此」、B「彼」の指示内容として最も適当なものを、次のア～エの中からそれぞれ一つずつ選べ。

ア　鈍・鋭
イ　静・動
ウ　鈍・静
エ　鋭・動

問五　傍線部③「是以能永レ年」とあるが、どのようにすれば長生きできると筆者は考えているのか。全体の趣旨を踏まえて七十五字以内で説明せよ。

問一	問二	問三	問四	問五
㋑ ㋺ ㋩			A B	

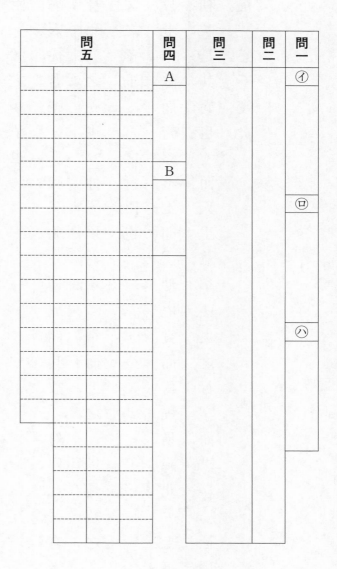

27 次の文章を読んで、後の問いに答えよ。（設問の都合で、返り点・送り仮名を省いたところがある。）

楚人ニ有リ二直躬《きう》ナルモノ一。其ノ父窃《ぬす》ミレ羊ヲ、而シテ謁グ《つ》二之ヲ吏ニ一。令尹《ゐん》曰ク、「①殺セトレ之ヲ。」②以為直于君、而曲于父。報ジテ而罪セリレ之ヲ。以テレ是《これ》ヲ観レバレ之ヲ、夫レ君之直臣ハ、父之暴子也。

魯人ニ従ヒテレ君ニ戦ヒ、三戦三北スルアリ。仲尼問フ二其ノ故ヲ一。対ヘテ曰ク、「吾ニ有リ二老父一、③身死セバ莫キ二之ヲ養フモノ一ト也。」④仲尼以テ為シレ孝ト、挙ゲテ而上セリレ之ヲ。以テレ是ヲ観レバレ之ヲ、夫レ父之孝子ハ、君之背臣也。

故ニ令尹誅《ちう》シテ而楚姦《かん》不二上聞セラレ一、仲尼賞シテ而魯ノ民易シ二降北シ一。⑤上下之利ハ若クレ是ノクレ其ノ異ナル也。而シテ人主兼ネテ挙ゲテ二匹夫之行ヒヲ一、而モ求ムルハレ致サンコトヲ二社稷《しよく》之福ヲ一、必ズ不レ幾《ねが》フベカラ矣。

（『韓非子』五《ご》蠹《と》）

〈注〉　○直躬—人名。　○令尹—宰相。　○報—罪に応じて刑罰をくだす。　○北—逃亡する。
○挙而上レ之—朝廷に推挙する。　○誅—罪をとがめて処刑する。　○楚姦—楚の人の犯した悪事。
○上聞—朝廷に書面で報告する。　○降北—敵に降伏し逃亡する。　○兼—ひろく。併せて。
○匹夫之行—一般庶民の行為。　○社稷—国家。　○幾—望む。期待する。

問一　傍線部①「殺レ之」について、
(1)「之」は誰を指すか。本文の語を抜き出して答えよ。
(2)その人の行った行為はどのようなことか。具体的に説明せよ。

問二　傍線部②「以為直于君、而曲于父」は「以て君に直なれども、父に曲なりと為せばなり」と読む。この読み方に従って、返り点を施せ。(送り仮名は不要。)

問三　傍線部③「身死莫二之養一也」を現代語訳せよ。

問四　傍線部④「仲尼」とは誰のことか。

問五　傍線部⑤「上下之利若レ是其異也」とは、どういうことか。「楚人」と「魯人」の二つのエピソードを踏まえて答えよ。

問一

(1)

(2)

問二

以為直于君、而曲于父

問三

問四

問五

28

次の文章は、紀元前六世紀の、中国の鄭《てい》という国で、官僚の然明《ぜんめい》と宰相の子産《しさん》が学校の存廃に関しておこなった問答である。これを読んで、後の問いに答えよ。（設問の都合で、送り仮名を省いたところがある。）

鄭人游《あそ》ビ二于郷校ニ一、以テ論ズ二執政ヲ一。然明謂ヒテ二子産ニ一曰ク、「毀《こぼ》タバ二郷校ヲ一(イ)如何。」

子産曰ク、「①何ゾ為サン。夫《か》ノ人《ひと》ビト朝夕ニ退キテ而游ビレ焉《ここ》ニ、以テ議ス二執政之善否ヲ一。

其ノ所ノレ善トスル者ハ、吾則チ②行ヒレ之ヲ、其ノ所ノレ悪トスル者ハ、吾則チ改ムレ之ヲ。是レ吾ガ師也。

若之何《いかん》ゾ毀タンレ之ヲ。③我聞ク二忠善以テ損スルヲ㆑怨ヲ、不レ聞カ二作《な》シテレ威ヲ以テ防グヲ㆑怨ヲ。豈《あ》ニ不ランヤ二

(ロ)遽止《とど》メ一。然レドモ猶レ防レ川。大決ノ所レ犯ス、傷《そこな》フコトレ人ヲ必ズ多ク、吾不ル二克《よ》ク救ハ一也。

不レ如シカ二小決シテ使ムルニ㆑道《みち》ビカ。④不ルレ如カ二吾聞キテ而薬トスルニ㆑之ヲ也。」

（『春秋左氏伝』）

〈注〉　○郷校―地方に設置されていた学校。　○朝夕退而游レ焉―早朝や夕方の、勤めの余暇に郷校にぶらりと出かけてゆく。

問一　傍線部(イ)「如何」、(ロ)「遽」の読みを、送り仮名も含めて平仮名ばかりで答えよ。

問二　傍線部①「何為」とほぼ同じ意味・内容を述べた一文を本文中から抜き出せ。（訓点は不要。）

問三　傍線部②「之」は、どのようなことを指しているか、二十字以内で答えよ。

問四　傍線部③「猶レ防レ川」について、

(a)　書き下し文に改めよ。

(b)　また、「川」は何のたとえか、十五字以内で答えよ。

問五　傍線部④「不レ如二吾聞而薬一之也」を現代語訳せよ。

問一		問二	問三	問四		問五
㋑	㋺			(a)	(b)	

29 次の文章を読んで、後の問いに答えよ。（設問の都合で、送り仮名を省いたところがある。）

詩《ナル》者《ハ》非《ザル》二丈夫之業《ニ》一也。作《ルモ》レ之《ヲ》亦可、不《ルモ》レ作《ラ》亦可、㋑固①不レ足《ラ》レ競《フニ》二得失《ヲ》於此《ニ》一。㋺雖レ然使《メバ》二人之情《ヲシテ》有《ラ》レ所二鬱憂《シテ》不《ル》レ暢《のビ》、則《チ》往往《ニシテ》変《ジテ》為《ル》二戻《れい》気《ト》一。故《ニ》②仮二諸永言一而泄レ之、亦所三以輔《たすクル》二其《ノ》発揚《ヲ》一也《なる》乎《か》。㋩蓋遣《やル》レ情《ヲ》之具《ニシテ》、出《ヅル》二於自然《ニ》一者《ハ》、殆《ンド》非《ズ》レ可《キニ》レ廃《ス》矣。然《ラバ》則《チ》世《ノ》㋥或好《ミテ》レ之《ヲ》而切切然《トシテ》累《わづらハスト》二其《ノ》志《ヲ》一、与《ハ》二不《シテ》レ好《マ》而詆《てい》罵斥絶《シ》嫉《にくムコト》レ之《ヲ》如《クナル》レ仇《ノ》者、③其《ノ》為《ルコト》二偏見一一也。

（吉村秋陽『読我書楼遺稿』）

〈注〉○戻気―ねじけた心。　○永言―詩歌。　○遣レ情―気を晴らす。　○詆―そしる。

問一 傍線部㋑「固」、㋺「雖レ然」、㋩「蓋」、㋥「或」の読みを、送り仮名も含めて平仮名ばかりで答えよ。

問二 傍線部①「不レ足レ競二得失於此一」とはどういうことか。最も適当なものを、次のア～オの中から一つ選べ。

ア　詩歌は、男子が一生かけて競い合うような大事ではない。

イ　詩歌は、人々が金をもうける道具にはならない。

ウ　詩歌は、作者によって優劣が決まってしまうものではない。
エ　人々は損得を抜きにして一生の仕事を決めるべきだ。
オ　人々が詩歌を一生の仕事にするかしないかは問題ではない。

問三　傍線部②「仮㆓諸永言㆒而泄㆑之」について、

(1)　この部分の読みとして最も適当なものを、次のア～オの中から一つ選べ。

ア　もろもろのえいげんにかりてこれにもらすは、
イ　もろもろのえいげんをかりてこれにもらすは、
ウ　これをえいげんにかりてこれにもらすは、
エ　これをえいげんにかりてこれをもらすは、
オ　これにえいげんをかりてこれをもらすは、

(2)　文中の「之」は何を指すか、本文中の漢字一字を抜き出して答えよ。

問四　傍線部③「其為㆓偏見㆒一也」とはどういう意味か。最も適当なものを、次のア～オの中から一つ選べ。

ア　それらのうちのどれか一つが偏見である。
イ　それらはどちらも同じように偏見である。
ウ　それらのうちのどれか一つに偏見を持ってしまう。
エ　それらのうちの両方に偏見を持ってしまう。
オ　それらの偏見はどちらも一時的なものである。

問五　本文の趣旨を八十字以内でまとめよ。

問一

㋑

㋺

㋩

㋥

問二

問三

(1)

(2)

問四

問五

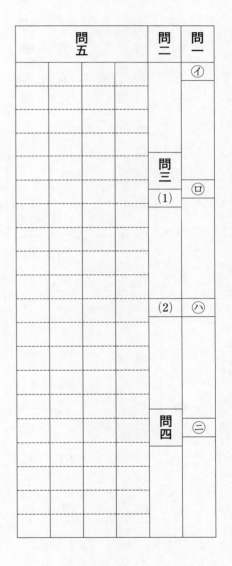

30

次の文章を読んで、後の問いに答えよ。（設問の都合で、送り仮名を省いたところがある。）

黄生允《ゐん》修《しう》借《ル》レ書《ヲ》。随園主人授《クルニ》以《テシテ》レ書《ヲ》而告《ゲテ》レ之《ニ》曰《ク》、「①書《ハ》非《ズンバ》レ借《ルニ》不《ル》レ能《ハ》レ読《ム》也。子不《ル》レ聞《カ》二蔵《スル》レ書《ヲ》者《ヲ》一乎。七略・四庫《ハ》、天子之書《ナリ》。然《レドモ》②天子《ノ》読《ム》レ書《ヲ》者有《ラン》レ幾《カ》。汗《セシメ》レ牛《ニ》塞《グハ》レ屋《ヲ》、富貴《ノ》家之書《ナリ》。然《レドモ》富貴《ノ》人《ノ》読《ム》レ書《ヲ》者有《ラン》レ幾《カ》。其《ノ》他祖父積《ミテ》、子孫棄《ツル》者《ハ》無《シ》レ論《ズル》焉。③非《ズ》二独書為《ニ》一レ然、天下《ノ》物皆然《リ》。非《ズシテ》二夫《かノ》人之物《ニ》一而(イ)強仮《かラバ》焉、必《ズ》慮《リテ》二人《ノ》逼《リ》取《ルヲ》一、而惴《ずい》惴焉《えんトシテ》摩《シテ》二玩《シテ》之《ヲ》一(ロ)不《レ》已、曰《ク》、『今日存《スルモ》、明日去《ラバ》、吾不《ト》二得《テ》而見《ト》一レ之《ヲ》矣。』若《シ》業《すでニ》為《ラバ》二吾《ノ》所《ト》一レ有《スル》、必《ズ》高《キニ》束《ネ》焉、庋《き》蔵《ざうシテ》焉、曰《ク》、『(ハ)姑《まチテ》二異日《ヲ》一観《ント》』云《フ》レ爾《しか》。

余幼《キトキ》好《ムモ》レ書《ヲ》、家貧《ニシテ》難《シ》レ致《シ》。有《リ》二張氏《ナルモノ》一、蔵《スルコト》レ書《ヲ》甚《ダ》富《ム》。往《キテ》借《ラントスルモ》、不《レ》与《ヘラレ》。帰《リテ》而形《みル》二諸《これヲ》夢《ニ》一。④其《ノ》切《ナルコト》如《シ》レ是《クノ》。故《ニ》有《ラバ》レ所《レ》覧《ル》、(ニ)輒省《つまびラカニ》記《ス》。通籍《ノ》後、

俸去《リテ》書来《リ》、落落《トシテ》大《イニ》満《ツルモ》、素《そ》蟫《たん》灰《くわい》糸《し》時《ニ》蒙《おほフ》二巻軸《ヲ》一。㋭然後嘆《ク》二借《ル》者

之用《フルコト》レ心《ヲ》専《ラニシテ》、而少《キ》時之歳月為《スヲ》レ可《シト》レ惜《シムト》也《ト》」。

今黄生貧《ナルコト》類《シ》レ予《ニ》、其《ノ》借《ルモ》レ書《ヲ》亦類《ス》レ予《ニ》。惟《ダ》予之公《ニスルコトト》レ書《ヲ》与二張氏之吝《をシムコト》レ

書《ヲ》、若《シ》レ不《ルガ》二相類《セ》一。⑤然《ラバ》則《チ》予固《ヨリ》不幸《ニシテ》而遇《フ》レ張《ニ》乎、生固《ヨリ》幸《ヒニシテ》而遇《フ》レ予《ニ》

乎。知《ラバ》三幸《ト》与《ヲ》二不幸一、則《チ》其《ノ》読《ム》レ書《ヲ》也必《ズ》専《ラニシテ》、而其《ノ》帰《スル》レ書《ヲ》也必《ズ》速《ヤカナラン》。

為《つくリテ》二一説《ヲ》一、使《ム》二与《レ》書倶《ニセ》一。

（袁枚「黄生借書説」）

〈注〉

○黄生允修—黄允修は人名。生は呼称。

○随園主人—この文章の筆者である清代の文人袁枚の号。

○七略・四庫—皇帝の宮廷内にある蔵書。

○汗レ牛塞レ屋—書物を車に載せて牛に引かせると汗をかくほどであり、部屋をふさぐほどの書物があることをいう。蔵書の多いことのたとえ。

○祖父—祖父と父。

○惴惴焉—びくびくするさま。

○摩玩—よく味わって楽しむ。

○高束―縛って高いところに置いておく。
○庋蔵―しまい込む。
○通籍―官に籍を置く。朝廷に仕える。
○落落―多いさま。
○素蟫灰糸―紙を食べる白い虫と灰色の蜘蛛の糸。
○巻軸―書物。

問一 傍線部㋑「強」、㋺「不レ已」、㋩「姑」、㋥「輒」、㋭「然後」の読みを、送り仮名も含めて平仮名ばかりで答えよ。

問二 傍線部①「書非レ借不レ能レ読也」とあるが、筆者がこのように述べるのはなぜか、説明せよ。

問三 傍線部②「天子読レ書者有レ幾」を現代語訳せよ。

問四 傍線部③「非二独書為一レ然」を書き下し文に改めよ。

問五 傍線部④「其切如レ是」を、「是」が指し示すものを具体的に説明して現代語訳せよ。

問六 傍線部⑤「幸与二不幸一」とはどういうことか、二十五字以内で説明せよ。

問一	問二	問三	問四	問五	問六
㋑ ㋺ ㋩ ㊁ ㋭					

執　筆　者　河合塾講師　秋野　博司
同　坂元　悦夫
同　藤堂　光順
同　野村　友平
同　山田　伸吾
（五十音順）

24420

河合塾 SERIES

入試精選問題集

漢文

四訂版

解答・解説編

1 『世説新語』徳行

▼解答と配点▲

問一 ㋑ともに ㋺すなは《(わ)》ち （4点×2 8点）
問二 ウ （9点）
問三 オ （9点）
問四 ア （10点）
問五 ア・カ （7点×2 14点）

▼本文解説▲

『世説新語《せせつしんご》』は南朝宋の劉義慶（四〇三〜四四四）の手になる。後漢から東晋にかけて活躍した名士たちのエピソードを集録したものである。一一二〇条ほどのエピソードは史実と言うよりも俗伝に基づいたものが多い。

本文は徳のある行いのエピソードを集めた徳行篇に収められているものである。おそらく後漢末の戦乱の頃であろう、船で避難する際に助けを求めた人に対して華歆と王朗がどのように対応したのかが記され、最後に世間の人々が二人の対応をどう評価したのかが述べられている。

▼書き下し文▲

華歆《くわきん》・王朗《わうらう》、倶《とも》に船《ふね》に乗《の》りて難《なん》を避《さ》く。一人《いちにん》有《あ》りて依附《いふ》せんと欲《ほっ》す。歆《きん》輒《すなは》ち之《これ》を難《こば》む。朗曰《らういは》く、「幸《さいは》ひに尚《な》ほ寛《ひろ》し、何為《なんす》れぞ不《ふ》可《か》ならん」と。後《のち》に賊《ぞく》追《お》ひ至《いた》れば、王携《わうたづさ》ふる所《ところ》の人《ひと》を捨《す》てんと欲《ほっ》す。歆曰《きんいは》く、「本《もと》より疑《うたが》ひし所以《ゆゑん》は正《まさ》に此《これ》が為《ため》のみ。既《すで》に已《すで》に其《そ》の自託《じたく》を納《い》る。寧《いづく》んぞ急《きふ》を以《もっ》て相棄《あひす》つべけんや」と。遂《つひ》に携拯《けいじょう》すること初《はじ》めのごとし。世此《よこれ》を以《もっ》て華王《くわわう》の優劣《いうれつ》を定《さだ》む。

▼全文解釈▲

華歆と王朗が一緒に船に乗って戦乱から逃れようとした。一人の男が一緒に連れて行ってほしいと頼んだ。華歆はすぐに難色を示した。王朗が言うには、「幸いなことにまだ余裕がある、どうしていけなかろうか」と。その後賊が追いついてきたので、王朗は連れていた男を見捨てようとした。華歆が言った、「もともとためらったのは、まさにこういう場合のためだったのだ。いったん頼みを聞き入れたのだ。どうして危急の場合だからといって見捨ててよかろうか」と。こうしてそのまま連れて行って助けてやった。世の人々はこの話から華歆と王朗の優劣を決めた。

▼解釈のポイント▲

倶《とも》ニ 「一緒に・すべて」の意味。ここは「一緒に」。
欲《ほっ》ス二依《い》附《ふ》セント一 「欲《ス》二——《(セ)ント》一」は「——したいと思う」のほかに「いまにも——しそうだ」の用法もある。ここは前者。
輒《すなは》チ 「そのたびに」「すぐに」の意味。ここは後者。

何《なん》為《すレゾ》不《ふ》可《かナラン》　「何為《レゾ》」は「どうして・なんのために」の意味を表す疑問・反語の副詞。疑問は句末を「連体形（＋や・か）」で結び、反語は句末を「未然形＋ん（や）」で結ぶのが基本。ここの結びは「不可ならん（「なら」は「なり」の未然形）」とあるので、反語である。「不可」は「いけない・できない」の意味。

所以《ゆゑん》　「所以」は「原因・理由」「手段・方法」の意味。通常「所《ゆゑん》以二――《（スル）》一」と直後の動詞などから返読して「――する理由」・「――する方法」などと訳す。ここは「理由」の意味。

為《ため》レ此《これガ》耳《のみ》　「為」には用法が多い。
①ためニ（――のために・――なので）
②つくル（製造する）
③をさム（治める）
④なル（――となる）
⑤なス（行う、みなす・思う）
⑥たリ（断定の助動詞）
⑦る・らル（受身の助動詞）
ここは①の用法
「耳」は、句末に置かれた場合は限定・強意の助詞で「のみ」と読む。

已
①すでニ…副詞として「もはや・もうとっくに」の意味。
②のみ…限定・強意の助詞として「だけである・なのである」の意味。
③やム…動詞として「終わる・やめる」の意味。
ここは①の用法。

寧《いづくンゾ》可《べケン》二以《もつテ》レ急《きふ》相《あひ》棄《すツ》一邪《や》　「寧」には次の用法がある。
①いづくンゾ……「どうして――であろうか」という反語の意味。句末に「乎・哉・邪」などの助詞を伴うことが多い。
②むしロ……「――の方がよい」という選択の意味。
③やすシ……「無事で穏やか」の意味。
ここは、句末に「邪」を伴うので①の用法。なお、「可《ベシ》二――一」は反語の場合は「べけん（や）」と読むことになるので注意しよう。

遂《つひニ》　「そこで・そのまま」の意味。

如《ごとシ》レ初《はじメノ》　「如《ごとシ》二――一」は「――のようだ」の意味。

▼設問解説▲

問一　〔**解釈のポイント**〕参照。

問二　〔**解釈のポイント**〕に記したように「何為《レゾ》」は「どうして」、「不可」は「いけない・できない」の意味。反語として訳すと、「どうしていけないであろうか」となる。王朗が、助けを求めた人物の乗船に華歆が難色を示したことに対して言った言葉である。

問三　〔**解釈のポイント**〕に記したように「所以」は直後の動詞などから返読するので、「所以疑」は「疑ひし所以」と読んで「疑った理由は」の意味となる。ア・ウは誤り。「耳」は、句末に置かれて「――のみ」と読むのでイ・エは誤り。したがって残るオが正解である。

問四 〔**解釈のポイント**〕参照。「寧――邪」は反語なので、「むしろ――」と訳しているエ・オは誤り。「急」には「急ぐ」「速い」のほかに、熟語で「危急」というように「危険な事態」の意味がある。ここは「後に賊追ひ至れば（その後賊が追いついてきたので）」という危機的な場面であるから、アが正解となる。

問五 本文の終わりに、「世以テ㆑此ヲ定ム㆓華王之優劣ヲ㆒（世の人々はこの話から華歆と王朗の優劣を決めた）」とある。まず、王朗は助けを求めた人物に対して、最初は助けようと言いながら、追っ手が迫ると見捨てようとした（エは誤り）、一方の華歆は最初は難色を示したが（カは正解）、追っ手が迫っても「いったん頼みを聞き入れたのだから、危急の場合だからといって見捨てることはできない」と元どおり助けてやった（ウは誤り）。世間の人々が華歆を評価したのは明らかであろう。イは誤りで、アとカが正解である。

2 『韓非子』内儲説上

▼解答と配点▲

問一　㋑と　㋺なんぞや(と)　㋩いは《(わ)》ゆる　㋥ゆゑ《(え)》に　（4点×4　16点）

問二　a ひとのかず／にんずう　おほ《(お)》から　b ざるにあら　ざれども／ず　（a・b各4点　8点）

問三　a どうして　b 三人いるとみなす　c ことができ　d ようか（、いや　できない）。　（a〜d各4点　16点）

問四　エ　（10点）

▼本文解説▲

『韓非子《かんぴし》』内儲説《ないちょぜい》上の一節。韓非(子)は戦国時代、韓の国の王子。儒家の思想家である荀子《じゅんし》に学び、彼の主張した性悪説《せいあくせつ》の影響を受けるが、人間は本来利己的な存在であり、それを「礼楽《れいがく》」によって正しいあり方に教え導くという荀子の主張の「礼楽」を「法」に置き換えることにより、信賞必罰《しんしょうひつばつ》を中心に据えた法家《ほうか》の思想家として名を成すようになる。『韓非子』は韓非(子)の著作（一部は偽作とされている)。大学入試には非常によく出題される。

本文は、「三人いれば迷わない」と諺《ことわざ》にいうのに、国中の者と相談しても魯《ろ》の国が乱れるのはなぜか、という哀公《あいこう》の質問に対して、晏子《あんし》が、魯には多くの臣下がいるが、皆権力者の季氏《きし》の意向に合わせた発言しかせず、誤りを正す発言がなされないからだ、と答えた話。

▼書き下し文▲

晏子《あんし》魯《ろ》を聘《と》ふ。哀公《あいこう》問《と》ひて曰《いは》く、「語《ご》に曰《いは》く、『三人《さんにん》にして迷《まよ》ふ莫《な》し』と。今寡人《いまくわじん》一国《いつこく》と之《これ》を慮《はか》れども、魯乱《ろらん》を免《まぬか》れざるは何《なん》ぞや」と。晏子《あんし》曰《いは》く、「古《いにしへ》の所謂《いはゆる》三人《さんにん》にして迷《まよ》ふ莫《な》しとは、一人《いちにん》之《これ》を失《しつ》すとも、二人《ににん》之《これ》を得《う》るなり。三人《さんにん》ならば以《もつ》て衆《おほ》しと為《な》すに足《た》る。故《ゆゑ》に曰《いは》く、『三人《さんにん》にして迷《まよ》ふ莫《な》し』と。今魯国《いまろこく》の群臣千百《ぐんしんせんひやく》を以《もつ》て数《かぞ》ふるも、季氏《きし》の私《わたくし》に一言《いちげん》す。人数衆《にんずうおほ》からざるに非《あら》ざれども、言《い》ふ所《ところ》の者一人《ものいちにん》のみ。安《いづく》んぞ三《さん》たるを得《え》んや」と。

▼全文解釈▲

斉の晏子が（使者として）魯を訪問した。魯の哀公が尋ねた、「諺《ことわざ》に、『三人ならば迷うことがない』という。ところが今私は国中の人と相談しているのに、魯国が混乱から脱せられないのはなぜだろう」と。晏子が言った、「昔の人が言った『三人ならば迷うことがない』とは、一人が間違っても、他の二人は正しい道を得るということです。（つまり、三人ならば結局間違えることがなくなり）三人いれば多くの人数がいるとみなせるのです。だから、『三人ならば迷うことがない』と言うのです。今魯国の群臣は何千何百と数えるほどいますが、みな季氏の利己的な考えに言葉を合わせています。人間の数は多くないわけではないのですが、言っていることはただ一人の人が言っているのと同じです。どうして三人ということができましょうか」と。

▼解釈のポイント▲

莫《なシ》　「無《なシ》」と同じ。同意の語に「勿・毋」がある。

寡人《くわじん》　王侯の一人称。「わたくし」と訳せばよい。「寡《すくなキ》レ徳之人」の意で、「自分は人々を治めるだけの徳に欠けた人間です」と謙遜した言葉。

与《と》二一国一慮《はかレドモ》レ之《ヲ》　「与」の用法は多い。
①A《ト》与《と》レB……AとB・AおよびB
②(A)《ハ》与《と》レB……AはBと・AはBとともに
③与《ともニ》□《(ス)》……一緒に□する
④与《よりハ》レA、不《(セ)ン》レ如《しカ》レB……AするよりはBする方がましだ
その他、動詞としては、⑤与《くみス》（仲間になる・同意する）、⑥与《あづかル》（関係する）、⑦与《あたフ》（与える）、などがある。
ここでは②の用法で、「国中の人々と相談する」の意味となる。

何也《なんゾや》　疑問の副詞「何（なんゾ）」と疑問の助詞「也（や）」が直接結びついた形。「どうしてか」の意味になる。

所謂《いはゆる》　「A《ノ》所謂――」の形で、「Aが言っている――」と訳す場合と、現代語と同じく「俗に言う・世に言う」の場合がある。

者　①人・事・物などを表し、「もの」と訓読する。②主語を提示して強調する働き。この場合は「者《は》」と読む場合と、「者」を置き字扱いにして、直前に読む字に「ハ」という送り仮名をつける場合とがある。
ここでは②の用法。

以《もつテ》為《なス》二――一《ト》　「以」（もつテ）は「以《テ》二――一《ヲ》」の形をとり、①原因・理由、手段・方法を表し、「――で・によって」と訳す。②目的語を提示し、「――を」と訳す。
②の「以」はしばしば「為」と結びついて用いられ、「以」A為レB（Aヲ以《もつ》テBト為《な》ス）」の形をとり、「AをBとする・みなす・思う」の意味となる。この形ではしばしばAが省略されるが、その場合は「以《テ》為《ス》レB《ト》（以《もつ》テBト為《な》ス）」・「以為《ヘラク》B《ト》(以為《おも》ヘラクBト)」の二通りの読み方がある。「Bとする・みなす・思う」の意味。

衆《おほシ》　「多」と同義。前出の「寡人」の「寡《すくなシ》」は対義語。

故《ゆゑニ》　原因・理由を表す接続語。「だから」と訳す。

私《わたくし》　「公」の対義語で、「公」が「公平・公正」を表すのに対して、「個人的な立場・利己心」を表す。

非《あらズ》レ不《ざルニ》二――《(セ)》一　否定の文字を二つ重ねた二重否定の形、「――しない（＝不）のではない（＝非）」の意味で肯定になる。

安《いづくンゾ》得《えン》レ三《さんタルヲ》哉《や》　「安」には現代語と同じ「やすシ・やすンズ」の他に、「いづくンゾ」（どうして）、「いづクニカ」（どこ）と読む疑問・反語を表す用法がある。「哉」は疑問・反語を表す助詞で「や・か」と読む。疑問なら「安――哉《(スル)や》」と読み、反語なら「安――哉《(セ)ンや》」と読む。ここでは反語。

「得《う》二――《(スル)ヲ》一」は可能を表し、「――できる」と訳す。全体では「どうして三（人いる）とすることができようか、いやできない」の意味になる。

▼設問解説▲

問一　〈**解釈のポイント**〉参照。

問二　「不」の直前は未然形になるので「衆（おほシ）」は「おほカラ」と読み、「非」の直前は連体形＋「ニ」になるので「ざルニ」と読む。句末は、次句とのつながり（逆接）を考慮して、「ざルモ」・「ざレドモ」・「ざルニ」で結ぶのがよい。

問三　〈**解釈のポイント**〉で説明したように、「安《いづくンゾ》――《(セ)ン》哉《や》」の形なので、「どうして――しようか（いや、――しない）」と反語に訳す。文脈からみても、直前に「一人が発言しているだけだ」とあり、「三人でない」という意味になるのは明らかである。最後に「三」は人の数であることに注意し「三人」とするのを忘れないこと。

問四　晏子の発言の後半部分が魯の現実について述べたものであることに注意したい。臣下は多いが、全員が季氏に口うらを合わせるので、結局は季氏一人が発言しているのと同じことになるのである。ウは「三人」という数そのものを問題にしているのが誤り。

3 『捜神記』

▼解答と配点▲

問一　㋑つぶさに　㋺つひ(い)に　㋩ここにおいて　（3点×3　9点）
問二　ア　（6点）
問三　②其の情に勝へ(え)ず（して、）　（6点）
　　　④ a豈に b死人の復た活くべきを c聞かんや。（復活すべき）
　　　（a・c各3点、b4点　10点）
問四　(a)女の夫　(b)男の家　(c)女　（3点×3　9点）
問五　エ　（10点）

▼本文解説▲

『捜神記《そうじんき》』は東晋の干宝《かんぽう》の編。南北朝から唐の時代には、「志怪小説（怪異を志《しる》す小説）」が盛んに著されたが、本書はその元祖である。不思議な話が四七〇話集められている。

本文は相思相愛の男女をめぐる話。男が従軍している間に、女は別の男の所に嫁がされてしまい、まもなく病死するが、兵役を終えて帰ってきた男が悲しみに耐えかねて墓をあばくと、不思議なことに女は生き返る。その後、男と女の夫の間で女の帰属をめぐって訴訟が起こるが、最終的には男の真心を重んじた、王導の粋な裁きによって、愛し合う男女が再び結ばれる、というストーリーである。

▼書き下し文▲

晋《しん》の武帝《ぶてい》の世《よ》に、河間郡《かかんぐん》に男女《だんちよ》の私悦《しえつ》し、相配適《あひはいてき》するを許《ゆる》すもの有《あ》り。尋《つ》いで男《をとこ》軍《ぐん》に従《したが》ひ、積年帰《せきねんかへ》らず。女《むすめ》の家《いへ》更《あらた》めて之《これ》を適《とつ》がしめんと欲《ほつ》するも、女《むすめ》行《ゆ》くを願《ねが》はず。父母《ふぼ》之《これ》に逼《せま》れば、已《や》むを得《え》ずして去《ゆ》き、尋《つ》いで病《や》みて死《し》す。其《そ》の男《をとこ》戍《まもり》より還《かへ》り、女《むすめ》の在《あ》る所《ところ》を問《と》ふ。其《そ》の家《いへ》具《つぶさ》に之《これ》を説《と》く。乃《すなは》ち冢《つか》に至《いた》り、哭《こく》して哀《かな》しみを叙《の》べんと欲《ほつ》するも其《そ》の情《じやう》に勝《た》へず、遂《つひ》に冢《つか》を発《あば》き棺《ひつぎ》を開《ひら》く。女《むすめ》即《すなは》ち蘇活《そくわつ》す。因《よ》りて負《お》ひて家《いへ》に還《かへ》り、将養《しやうやう》すること数日《すうじつ》、平復《へいふく》して初《はじ》めのごとし。後《のち》に夫《をつと》聞《き》き、乃《すなは》ち往《ゆ》きて之《これ》を求《もと》む。其《そ》の人還《ひとかへ》さずして曰《いは》く、「卿《けい》の婦《つま》は已《すで》に死《し》せり。天下《てんか》豈《あ》に死人《しにん》の復《ま》た活《い》くべきを聞《き》かんや。此《こ》れ天我《てんわれ》に賜《たま》ふなり。卿《けい》の婦《つま》に非《あら》ざるなり」と。是《ここ》に於《お》いて相訟《あひうつた》ふ。郡県決《ぐんけんけつ》する能《あた》はず、以《もつ》て廷尉《ていゐ》に讞《つ》ぐ。秘《ひ》書郎王導奏《しよらうわうだうそう》すらく、「精誠《せいせい》の至《し》の天地《てんち》を感《かん》ぜしむるを以《もつ》てなり、故《ゆゑ》に死《し》して更《あらた》めて生《い》く。此《こ》れ非常《ひじやう》の事《こと》なり。常礼《じやうれい》を以《もつ》て之《これ》を断《だん》ずるを得《え》ず。請《こ》ふ冢《つか》を開《ひら》く者《もの》に還《かへ》せ」と。朝廷其《てうていそ》の議《ぎ》に従《したが》ふ。

▼全文解釈▲

晋の武帝の時代に、河間郡にひそかに愛し合っている男女がいて、互いに結婚することを認めていた。まもなく男は戦争に行き、何年も帰ってこなかった。女《むすめ》の家では、あらためて女を（別の家に）嫁がせようとしたが、女は行きたがらなかった。（しかし）父母が女に（嫁ぐことを）強く迫ったので、（女は）断ることができず嫁に行き、まもなく病気になって死んでしまった。男は兵役を終えて帰り、女の居所を尋ねた。女の家の者は事の次第を詳しく説明した。（男は）そこで（女の）墓に行き、大声をあげて泣いて悲しい気持ちを述べようとしたが、その気持ちにたえかねて、そのまま墓をあばいて棺を開いた。女はすぐに生き返った。そこで（男は女を）背負って家に帰り、数日間食べ物を与えて世話をすると、もとの通りのからだになった。後に（女の）夫が（これを）聞き、（男の家に）行って女を（返すように）要求した。男は返さずに言った、「あなたの妻はもはや死んだのだ。この世の中で、死人が生き返ることができるなどという話を聞いたことがない。この女は、天が私にくださったものである。あなたの妻などではない」と。そこで（夫は）訴え出た。郡や県の役所では裁決できず、廷尉に報告した。（すると）秘書郎の王導が上奏した、「（男の）この上ない真心が天地を感動させたからこそ、死者が生き返ったのです。これは尋常な事件ではありません。通常の決まりでこれを裁くわけにはゆきません。どうか（女は）墓をあばいた男に返してやってください」と。朝廷はその意見に従った。

▼解釈のポイント▲

相《あひ》　①「互いに」、②「相手を（に・と）」（対象があることを示す）の意味がある。ここでは①の意味。

欲《ほつス》ニ――（セント）一　「欲」は、後に用言を伴う時には「――（セ）ント欲《ほつ》ス」と読み、「――しようとする・――しそうだ」と訳す。

不《ず》レ**得**《え》レ**已**《やムヲ》　「不《ず》レ得《え》ニ――（スルヲ）一」は「――することができない」の意味。

「已」は

①すでニ……副詞で「もはや」の意味。

②のみ……限定・強意の助詞で「――だけ」の意味。

③やム……動詞で「終わる・やめる」の意味。

などの用法をもつ。ここでは③の用法。

「不レ得レ已《ムヲ》」は、日本語の「やむをえず」と同じで「仕方がない」の意味。

具　①「そなハル・そなフ」（そろっている・そろえる）、②「つぶさニ」（詳しく）の意味がある。ここでは②の意味。

乃《すなはチ》　「そこで」の意味。

勝　①あゲテ……ことごとく・全部

②かツ……相手を負かす

③たフ……こらえる

④まさル……すぐれる

ここでは③の意味。なお、否定を伴う場合に次の用法がある。

「不レ勝《たヘ》ニ――一（――に耐えきれない）」「不レ可《カラ》ニ勝《あゲテ》□（ス）一」（全部は――しきれない）」。

遂《つひニ》　「かくて・そのまま」の意味。

即《すなはチ》　「すぐに」の意味。

因《よりテ》　「そこで」の意味。

如《ごとシ》ニ――一　「――のようだ」の意味。

卿《けい》 「あなた・そなた」の意味。二人称の敬称として用いられる。

豈《あニ》——耶《(セ)ンや》 反語形で、「どうして——しようか（いや——しない）」の意味。

於《おイテ》レ是《ここニ》 「そこで」の意味。

不《ず》レ能《あたハ》ニ——《(スル)(コト)》一 「——することができない」の意味。

請《こフ》——《(セヨ)》 願望形で「どうか——してください」の意味。

▼設問解説▲

問一 〔**解釈のポイント**〕参照。

問二 まず「不レ得レ已」は、〔**解釈のポイント**〕で説明したように、「已《や》むを得ず」と読み、「仕方がない」の意味。次に「去」の意味は文脈から考えたい。「去」は、両親から別の男に嫁ぐように迫られた女が仕方なく両親の元を「去」ったのであるから、「嫁に行く」の意味にほかならない。

問三 ②の「勝」は、〔**解釈のポイント**〕で説明したように多くの読みをもつが、ここでは「こらえる」の意味で「勝《た》ふ」と読む。全体では「女への気持ちをこらえきれず」の意味で「其の情に勝へず」と書き下せばよい。「不《ず》」は助動詞であるから、平仮名で書くこと。

④の「豈——耶」は、〔**解釈のポイント**〕で説明したように反語形で、「豈《あ》に——(せ)んや」と読む。次に「聞ニ死人可ニ復活一」は、「死人が生き返ることができるという話を聞く」の意味で「死人の復《ま》た活くべきを聞く」と読む。「主語＋述語」の構造「死人《(主語)》可ニ復活《(述語)》一」が「聞《ク》」の目的語になっている。この場合、「死人」には「死人が」の意味を表す主格の格助詞「の」を補う。助動詞「可《べ》し」、助詞「耶《や》」は平仮名で書くこと。

問四 直前に「夫聞《キ》」とあることから明らかなように、傍線部は「女」が生き返って元気になったと知った「女の夫」がとった行動を記述した部分である。「女の夫」とは、両親に迫られて「女」が嫁いだ「夫」である。「女の夫」は「男の家」に行って「女」（＝妻）を返してくれるように求めたのである。「男の家」は「男の所」などの表現でもよい。

問五 傍線部は「朝廷はその意見に従った」の意味。したがって「その意見」の内容を明らかにすればよい。「その意見」とは、「秘書郎王導奏《スラク》」以下に述べられている王導の意見のことである。王導は、結局は「請《フ》還《セ》ニ開《ク》レ冢《ヲ》者《ニ》一」とあるように、「墓をあばいた者」＝「男」に女を返すべきだと主張したのであり、朝廷はこの意見に従ったのである。

4 岑参「巴南舟中」

▼解答と配点▲

問一 五言律詩 （6点）

問二 エ （6点）

問三 ア （8点）

問四 a手紙を運ぶという雁が空を渡りゆくのを見ると、長くこない b故郷からの手紙のことを思う。 （a・b各6点 12点）

問五 オ （10点）

問六 イ・カ （4点×2 8点）

▼本文解説▲

盛唐《せいとう》の詩人・岑参《しんじん》の「巴南舟中《はなんしゅうちゅう》」。『三体詩《さんたいし》』に収録されている。岑参には旅の詩、特に辺境での生活を題材とした作品が多く、「辺《へん》塞《さい》詩人」と呼ばれている。

本篇は詩題が「巴南舟中《はなんしゅうちゅう》」とされていることから、岑参が巴南（今の四川省《しせんしょう》の東南部）に旅していた時の作と思われる。五言律詩。まず、黄昏《たそがれ》せまる渡し場の風景、耳に騒がしい村人たちの声。しばらくして、近くの寺から船全体を包み込むように聞こえる鐘の音。遠く川辺の村にぽつぽつとともりはじめる灯《ともしび》。夕暮れの空を飛んでゆく雁の群れ。川岸に聞こえる猿の鳴き声。交互に折り込まれた視覚的・聴覚的な詩句によって作者の孤独・寂しさが象徴的に描かれ、最後の二句で、澄みきった秋の月すら楽しむことができない程の寂しさが直接吐露されている。

漢詩では、視覚的・聴覚的描写が多いので、自分の目や耳で感じるつもりでイメージを作り上げてみるのが漢詩を理解する一番の近道である。

▼書き下し文▲

渡口《とこう》黄昏《たそがれ》ならんと欲《ほっ》し　帰人《きじん》渡《と》を争《あらそ》つて喧《かまびす》し
近鐘《きんしよう》野寺《やじ》に清《きよ》く　遠火《ゑんくわ》江村《かうそん》に点《てん》ず
雁《かり》を見《み》て郷信《きやうしん》を思《おも》ひ　猿《さる》を聞《き》きて涙痕《るゐこん》を積《つ》む
孤舟《こしう》万里《ばんり》の秋《あき》　秋月《しうげつ》論《ろん》ずるに堪《た》へず

▼全文解釈▲

川の渡し場には黄昏《たそがれ》がせまり、家に帰る人たちが先を争ってがやがやと舟に乗ろうとしている。近くの名もない山寺から澄んだ鐘の音が聞こえ、遠く川辺の村々に灯《あかり》がともるのが見える。空を渡りゆく雁《かり》の群れを目にすると故郷からの便りがしのばれ、川岸で悲しげに鳴く猿の声を耳にすると異郷に旅する寂しさに涙が止めどなく溢れてくる。たった一人遠く故郷を離れたこの舟旅で秋を迎えることになったが、美しい秋の月を見ても愁いが増すばかりでその美しさを楽しむことができない。

▼解釈のポイント▲

欲《ほつス》ニ——一（セント） ①——したいと思う、②——しそうだ。ここでは②の意味。

喧《かまびすシ》 「やかましい」の意味。

雁《かり》 渡り鳥である雁は、しばしば故郷からの手紙を運ぶものとして象徴的に描かれる。（漢代、匈奴《きょうど》に捕らえられていた蘇武《そぶ》が雁の足に手紙をつけて居場所を知らせたとされる故事による。ここから「雁書《がんしょ》」「雁信《がんしん》」という言葉ができた。）

郷信《きやうしん》 故郷からの手紙。「信」は手紙の意で「書」と同じ。「家書」「雁書」「雁信」も同義。

猿《さる》 猿の鳴き声は、悲しさや寂しさの象徴として、漢詩ではしばしば用いられる。

孤舟《こしう》 「孤」は「ひとり・ひとつ」の意味。全体では「たった一そうの舟・たった一人の船旅」の意味になる。

不《ず》レ堪《たへ》レ論《ろんズルニ》 「堪」は「たえる・こらえる」こと。「（それについて）言うにたえられない」の意味。

▼設問解説▲

問一 五言絶句

起句 ○○○○◎　承句 ○○○○◎
転句 ○○○○○　結句 ○○○○◎

五言律詩

首聯《しゅれん》 ○○○○○　○○○○◎
頷《がん》聯 ○○○○○＝○○○○◎
頸《けい》聯 ○○○○○＝○○○○◎
尾《び》聯 ○○○○○　○○○○◎

七言絶句

起句 ○○○○○○◎　承句 ○○○○○○◎
転句 ○○○○○○○　結句 ○○○○○○◎

七言律詩

首聯《しゅれん》 ○○○○○○◎　○○○○○○◎
頷《がん》聯 ○○○○○○○＝○○○○○○◎
頸《けい》聯 ○○○○○○○＝○○○○○○◎
尾《び》聯 ○○○○○○○　○○○○○○◎

ここに示したのが、近体詩の形式。（◎は**押韻字**、＝の上下は**対句**）他に排律もあるが入試での出題は稀なので、これから外れたものはまず古詩とみなしてよい。

この詩は一句が五字で八句であるので、五言律詩ということになる。

問二 漢詩で偶数句末が空欄になっていたら、押韻の問題である。

漢詩は古詩・近体詩の区別なく押韻（句末の字の韻をそろえること）する。特に近体詩では問一の解説の図で示したように偶数句末（七言詩は第一句末も）が必ず押韻する。本篇は五言詩だが第一句末も押韻している。「昏《こん》（オン）」「喧《けん》（エン）」「痕《こん》（オン）」「論《ろん》（オン）」。勿論、当時の中国語の発音と日本語の音読みとの間には多少のズレはあるが、入試では音読みで考えればよい。したがってここでは、韻が「エン」か「オン」のものを選べばよいことになる。

問三　第七句の「孤 舟 万 里ノ 秋」に気がつけばアが選べるはず。「渡口」とか「野寺」にひっかかってウやオを選ばないように。

問四　**問一**の解説に示したように、律詩の第三句と第四句、第五句と第六句に対句を置くきまりがある。この句が第六句の「聞キテレ猿ヲ 積ムニ涙 痕ヲ一」と対句であることがわかれば、「雁を見て郷信を思う」と読むことがわかる。〔**解釈のポイント**〕でも説明したように「雁」には手紙を運ぶ鳥というイメージがある。また「郷信」もよく使われる言葉なので覚えておきたい。

問五　まずこの詩の主題は何であるかという点に注意したい。一般に最後の句は主題と密接な関係を持っている。この詩が旅の寂しさを歌ったものである以上、「秋 月 不レ堪ヘレ論ズルニ」も旅の寂しさを語るものであることが予想される。また、漢詩は二句ずつが意味の上で緊密な関係を持っている。ここでも「孤 舟 万 里ノ 秋」だから「秋 月 不レ堪ヘレ論ズルニ」となってしまうというつながりになっていることに気づきたい。「秋月」は「秋の月・中秋の名月」。「不レ堪ヘレ論ズルニ」は〔**解釈のポイント**〕で述べたように「言うにしのびない」の意味。美しい秋の名月を見ても、その美しさを言う（味わう）ことができない。それ程寂しいということである。また、秋の月が美しく見える原因でもあるその凛《りん》とした寂しさに注目し、秋の月について口に出すとどうしても自分の孤独な感情が刺激されてしまうので、「秋 月 不レ堪ヘレ論ズルニ」である、と読み取ることも可能である。

問六　文学史の問題では、有名詩人の時代を問うものが一番多い。この選択肢に上がっている人物の時代ぐらいは覚えておきたい。陶潜《とうせん》（東晋）、李白《りはく》（盛唐）、蘇軾《そしょく》（北宋）、韓愈《かんゆ》（中唐）、王安石《おうあんせき》（北宋）、杜甫《とほ》（盛唐）、白居易《はくきょい》（中唐）。

5 『列子』湯問

▼解答と配点▲

問一 ㋑すなは(わ)ち ㋺あたは(わ)ず （4点×2 8点）
問二 Ａイ Ｂア Ｃカ Ｄオ （4点×4 16点）
問三 a真昼になると、b手を熱湯の中に入れたcように熱い。（a〜c各5点 15点）
問四 孰為㆓汝多㆒知乎 （5点）
エ （6点）

▼本文解説▲

列子《れっし》は、姓は列、名を禦寇《ぎょこう》といい、戦国時代の人で道家《どうか》の思想家に数えられる。その著書とされる『列子』は、道家思想の根本をなす「虚静」・「無為」などの考え方を、たくみな寓言を用いて説いたものである。

問題文は、道家と対立した儒家《じゅか》の祖孔子《こうし》を登場させ、太陽の遠近をめぐる二人の子供の言い争いすら仲裁できなかったと、孔子そして儒家の知恵の無さを語っている。

▼書き下し文▲

孔子《こうし》東游《とういう》す。両小児《りやうせうじ》の弁闘《べんとう》するを見《み》て、其《そ》の故《ゆゑ》を問《と》ふ。一児《いちじ》曰《いは》く、「我《われ》以《おも》へらく、日《ひ》の始《はじ》めて出《い》づる時《とき》、人《ひと》を去《さ》ること近《ちか》くして、日《ひ》の中《ちう》する時《とき》遠《とほ》し」と。一児《いちじ》以《おも》へらく、「日《ひ》の初《はじ》めて出《い》づるや遠《とほ》くして、日《ひ》の中《ちう》する時《とき》近《ちか》し」と。一児《いちじ》曰《いは》く、「日《ひ》の初《はじ》めて出《い》づるや、大《だい》なること車蓋《しやがい》のごとし。日《ひ》の中《ちう》するに及《およ》びては、則《すなは》ち盤盂《ばんう》のごとし。此《こ》れ遠《とほ》き者《もの》小《せう》にして近《ちか》き者《もの》大《だい》なるが為《ため》ならずや」と。一児《いちじ》曰《いは》く、「日《ひ》の初《はじ》めて出《い》づるや、滄滄《さうさう》涼涼《りやうりやう》たり。其《そ》の日《ひ》の中《ちう》するに及《およ》びては、湯《ゆ》を探《さぐ》るがごとし。此《こ》れ近《ちか》き者《もの》熱《あつ》くして遠《とほ》き者《もの》涼《すず》しきが為《ため》ならずや」と。孔子《こうし》決《けつ》すること能《あた》はず。両小児《りやうせうじ》笑《わら》ひて曰《いは》く、「孰《たれ》か汝《なんぢ》を知《ち》多《おほ》しと為《な》せるや」と。

▼全文解釈▲

孔子が東の方へ出かけた。（その折、）二人の子供が言い争いをしているのを見かけて、言い争いの理由をたずねた。（すると）一人の子供が言うには、「私は、太陽が昇ったばかりの時は、我々から近くて、真昼になると遠くなると思うのだ」と。もう一人の子は、「太陽は昇ったばかりの時には遠くて、真昼になると近くなると思う」と言う。先の子が言うには、「太陽は昇ったばかりの時、馬車に立てる傘のように大きい。真昼になると、おわんのようだ。これは、遠くにあるものは小さく見えて、近くにあるものは大きく見えるからではないか」と。もう一人の子が言った、「太陽が昇ったばかりの時は、冷え冷えとしている。（しかし）真昼になると、湯の中に手を入れたように熱い。これは、近くにあると熱く感じられて、遠くにあると涼しく感じられるからではないか」と。孔子は、（どちらの考えが正しいか）判断することができなかった。（すると）二人の子供が笑って言った、「誰がお前さんを物知りなんて言ったのだ」と。

▼解釈のポイント▲

游
①游《およ》グ（泳ぐ）、②游《あそ》ブ（旅行する・他国に行く・楽しみ遊ぶ）の意味がある。ここでは②の意味。

故《ゆゑ》
「理由」の意味。

以《おもヘラク》
「以為《おもヘラク》」と同じで、「思う・考える」の意味。

去
①立ち去る、②離れる、③除き去る（除去）、④死ぬ（死去）などの意味がある。ここでは②の意味。

如
①もシ……文頭に位置して仮定を表す。
如《もシ》――《バ》、（則《すなはチ》）　（もし――したら）
②しク……比較形・最上形を表す。
A《ハ》不《ず》レ如《しカ》レB《ニ》　（AはBに及ばない）
無《なシ》レ如《しクハ》レA《ニ》　（Aに及ぶものはない）
③ごとシ……「――のようだ」の意味。
A如《ごとシ》レB《ノ》　（Aはちょうどのようである）
④ゆク……動詞で「行く」の意味。
ここでは③の用法。
なお、「若」にも①〜③と同様の用法がある。覚えておこう。

則《すなはチ》
①上の語句（仮定・確定の条件）を受けて下へつなぐ働きで、多く「――《バ》則《チ》」のように用いられる。
②上の語句（多くは主語）を提示する働きで、「――《ハ》則《チ》」のように用いられる。
ここでは①の用法。
なお、「即・便・乃・輒」なども、「すなはチ」と読む。あわせて覚えておこう。

為
①ため（ニ）、②つくル、③をさム、④なル、⑤なス、⑥たリ、⑦る・らルなど数多くの読みをもつ最重要語である。ここでは①「ため」の読みで、原因・理由を表す。（→[1]〈解釈のポイント〉参照）

乎
①文末・句末に置かれた場合、「や・か」と読んで、疑問・反語・詠嘆などの意味を表す。
②文中に置かれた場合、「於」と同じく、前置詞の働きをするが、置き字として読まない。
ここでは①の疑問の用法。

不《ず》レ能《あたハ》二――《（スル）（コト）》一
「――できない」の意味。否定詞「不」を伴わない場合は、「よク」と読み、「（うまく）――できる」の意味になる。

孰《たれカ》為《なセル》二汝《なんぢヲ》多《おほシト》一レ知《ち》乎《や》
「孰」は、①たれカ（誰が）、②いづレカ（どちらが・どれが）と読む疑問・反語の副詞。ここでは①の疑問の用法である。
「為」は右に示したとおり多くの読みを持つが、「なス」と読む場合、二つの用法がある。
①為《ス》二――《ヲ》一……――をする・行う
②為《ス》二――《ト》一……――とする・みなす・思う
ここでは②の用法。

「汝《なんぢ》」は「お前」の意味。「若・女・爾・而」なども「なんぢ」と読むことがある。
したがって、この文の訳は、「誰があんたを物知りだと言ったのですか」となる。

▼設問解説▲

問一 〔**解釈のポイント**〕参照。

問二 まず、四つの空欄がどれも「此㆑不㆑為《ナラ》㆓――㆒乎」（これは――だからではないか）の文型の中にある点に注意したい。これは、二人の子供が太陽までの距離の遠近を説明している文である。だから、一般論から、遠くにある場合がA、近くにある場合はB、また、Cにある場合は熱く、Dにある場合は涼しい、と考えれば、正解はやさしいであろう。

問三 「日中」は、現代語の「昼間」の意味ではなく、太陽が天の「中央」にくる時のことで、「真昼・正午」の意味。「探《ル》㆑湯《ヲ》」は、手を熱湯の中に入れること。「如《ごとシ》」は〔**解釈のポイント**〕で触れたとおりだが、比喩表現なので、「（ちょうど）――のように……だ」の形に訳したい。

問四 返り点の原則は、下から上へと、(ア)一字上に返る場合は、レ点を「②㆑①」と付け、(イ)二字以上返る場合には、一・二点を「③㆓①②㆒」のように付け、さらに、(ウ)一・二点をはさんで返る場合には、上・下点を「⑤㆘③㆓①②㆒④㆖」のように付ける。
ここでは、「多㆑知」のところに、「多」知」とレ点を付け、さらに「多」から「為」へ返るために「為㆓汝多㆒㆑知」と一・二点を付ける。
解釈については〔**解釈のポイント**〕を参照。

6 『高斎漫録』・『風俗通義』

▼解答と配点▲

問一　滑　（7点）

問二　a 聡明さという点で王安石に及ばない者は、 b なおさら c いいかげんな態度で字義を解釈しては　いけない。　（a～c各4点　12点）

問三　B エ　C オ　（各7点　14点）

問四　a そのむすめ　b をして　c へんたんし(て)　d いをしめさ　e しむ。　（a～e各2点　10点）

問五　ウ　（7点）

▼本文解説▲

㈠㈡ともに笑話。

㈠は宋の曾慥《そうぞう》撰『高斎漫録《こうさいまんろく》』。「坡」という字を「土」の「皮」と解釈した王安石《おうあんせき》に対し、蘇東坡《そとうば》が「それならば『滑』の字は『水』の『骨』なのか」とからかっている。字義をめぐる笑話である。なお、王安石は北宋の政治家・文学者。蘇東坡は北宋の蘇軾《そしょく》のことで、東坡は号である。ともに唐宋八大家として有名。

㈡は漢の応劭《おうしょう》撰『風俗通義《ふうぞくつうぎ》』。東と西に住む二つの家が同じ娘を自分の家の息子の嫁にしようとした。しかし東の家の息子は醜いが金持ち、西の家の息子は美男子だが貧乏といったぐあいで、どちらも一長一短。娘の決断は、「東の家で食事をし、夜は西の家にとまる」というものであった。

▼書き下し文▲

㈠昔《むかし》蘇東坡《そとうば》王安石《わうあんせき》に問《と》へり、「坡字《はじ》は何《なん》と解《かい》するや」と。王曰《わういは》く、「坡《は》とは、土《つち》の皮《かは》なり」と。蘇笑《そわら》つて曰《いは》く、「然《しか》らば則《すなは》ち滑《かつ》とは水《みづ》の骨《ほね》か」と。安石《あんせき》の此《か》くのごとき聡明《そうめい》を以《もつ》てすら、尚《な》ほ妄《みだ》りに解《かい》すべからず。何《なん》ぞ況《いは》んや安石《あんせき》に及《およ》ばざる者《もの》をや。

㈡斉人《せいひと》に女《むすめ》有《あ》り。二家《にか》同《おな》じく往《ゆ》きて之《これ》を求《もと》む。東家《とうか》の子《こ》は醜《みにく》くして富《と》み、西家《せいか》の子《こ》は好《うつく》しくして貧《まづ》し。父母《ふぼ》決《けつ》すること能《あた》はず。母其《ははそ》の其《そ》の女《むすめ》をして偏袒《へんたん》して意《い》を示《しめ》さしむ。女《むすめ》便《すなは》ち両袒《りやうたん》せり。母其《ははそ》の故《ゆゑ》を問《と》ふ。答《こた》へて曰《いは》く、「東家《とうか》に食《しよく》して西家《せいか》に宿《しゆく》せんと欲《ほつ》す」と。

▼全文解釈▲

㈠昔、蘇東坡が王安石にたずねた、「坡という字はどう解釈しますか」と。王は「坡とは土の皮である」と答えた。蘇は（それを聞いて）笑いながら言った、「それでは、滑とは水の骨なのですか」と。安石のような聡明な人でさえも、（字義を）いいかげんな態度で解釈してはいけないのだ。まして(聡明さという点で)安石に遠く及ばない者は、なおさらいいかげんな態度で字義を解釈してはいけない。

㈡斉の国の人に娘がいた。二つの家がこの娘を嫁にもらいたいとやってきた。東の家の息子は醜いが金持ちであり、西の家の息子は美しいが貧しかった。父母は（どちらの家に娘を嫁《とつ》がせるか）決めることができなかった。そこで娘に着物を片ぬぎさせて気持ちを示させようとした。（すると）娘はすぐさま両肩を肌ぬぎした。母がその理由をたずねた。娘は「東の家で食事をして、夜は西の家に泊まりたい」と答えた。

▼解釈のポイント▲

何《なんト》解《かいスルヤ》 「解《ス》二——一《ト》」（——と解釈する）という文の——にあたる所をたずねる疑問文で「どう解釈するのか」という意味。したがって、ここでは「何」を「なんゾ」とは読まない。疑問の副詞は文頭に来ることが多いが、何が問われているかを後文の内容から推測して、読みを決定すべきである。

然《しかラバ》則《すなはチ》 「そうだとすれば」の意味。

乎 疑問・反語の助詞「や・か」と読む。ここでは疑問。

A尚《スラなホ》——、何《なんゾ》況《いはンヤ》B耶《ヲや》 抑揚形。「Aでさえ——だ、ましてBはなおさら（——）だ」の意味。「尚《なホ》」のかわりに「猶《なホ》」「且《かツ》」が使われることもある。「耶《や》」は「乎」「哉」などに同じ。後半は、「何《ソ》」がなく単に「況《ンヤ》B耶《ヲ》」となっていても意味はほとんど同じ。

不《ず》レ可《ベカラ》二——（ス）一 「可」には①可能、②許可の二つの意味がある。したがって、「可《ベシ》二——（ス）一」は、①「——することができる」、②「——してよい」の二通りの解釈が可能である。否定文の場合は、①「——できない」、②「——してはいけない」となるが、ここでは②。

使《ム》二其《ノ》女《ヲシテ》偏祖《シテ》示《サ》一レ意《ヲ》 「使《しム》二A《ヲシテ》□（セ）一」は使役形。「使」のかわりに「令」を使っても同じ。「Aに□させる」という意味。□には動詞が入るが、この場合のように「偏祖《へんたんス》」「示《しめス》レ意《いヲ》」と動詞が二つある場合には、後の動詞だけを「しム」に接続すればよい。

便《すなはチ》 「そのますぐに」の意味。「即《すなはチ》」とほぼ同じ。

▼設問解説▲

問一 「坡」の字を分解すると「土」の「皮」になる。どういう字を分解すると「水」の「骨」になるかを考えてみるとよい。「水」を「氵」（さんずいへん）に置きかえるところがポイント。

問二 「A且《スラかツ》——、況《いはンヤ》B乎《ヲや》」（Aでさえ——だ、ましてBはなおさら——だ）が抑揚形の基本的なものである。傍線部の「何《ソ》況《シャ》不《ル》レ及《バ》二安石《ニ》一者《ヲ》耶」はこの抑揚形の後半部のやや特殊な形であるが、意味的には「況《シャ》B乎《ヲ》」とほぼ同じで、「ましてBはなおさら——だ」のように訳せばよい。Bにあたるのは「不《ル》レ及《バ》二安石《ニ》一者」で、——にあたるのが「不レ可《カラ》二妄《リニ》解《ス》一」である。

問三 [B]は、抑揚形に気づけば、「且《かツ》」「猶《なホ》」「尚《なホ》」などが思い浮かぶだろう。[C]は「醜《クシテ》而富《ミ》」、「好《うつくシクシテ》而[C]」という対句構造から、「富」と対義的な語を選ぶ。

問四 「使二A□一」は〔**解釈のポイント**〕で触れたように、使役形で「Aヲシテ□（セ）しム」と読む。Aの「女」は、父母に養われている娘と判断できるので「むすめ」と読む。□の「偏袒示レ意」のうち、「偏袒《へんたん》」は〈注〉を参考にする。ここでは「肌ぬぎして」の意味で下へ続けるので、「へんたんして」と「て」を補って読み、「示レ意」は、「意（気持ち）を示す」の意味で、「いをしめす」と読む。あとは助動詞「しむ」に接続するので「しめす」を未然形で読むことに注意する。

問五　「便《すなはチ》」は、①すぐに・そのまま、②たやすく、の意味を持つが、ここでは①で、「即《すなはチ》」にほぼ同じ。

7 『笑賛』

▼解答と配点▲

問一　㋑やすき　㋺すなはち(わ)　㋩ことごとく　㋥すなはち(わ)　㋭かへ(え)つ(っ)て　（2点×5　10点）

問二　(a) 占いを求めて来た者が　東北の方角からやって来たということ。（a・b各5点　10点）

(b) 東北の風雨の中をやって来て、背中や肩がぬれていたから。（a・b各5点　10点）

問三　妻のためで　なかったら、誰がわざわざ　父母のためにやって来るものですか。（a〜e各2点　10点）

問四　ウ（4点）

問五　イ（6点）

▼本文解説▲

『笑賛《しょうさん》』は、書名が示すように笑話とそれに対する「賛」（批評文）を編んだ書物である。

「笑い」は、どの人の世にあっても無くてはならぬものであろう。中国においても随分古い時代から笑話が語られている。たとえば、戦国時代の思想家たち（諸子百家《しょしひゃっか》とよばれる）は、自らの説く考えが相手に受けいれられるか否かの問題が、そのまま、自分や弟子たちの死活問題ともなった。そこで彼らは、様々な工夫―巧みな比喩や対句など―を用いて、何とか納得と支持を得ようとしたのだが、その工夫の一つとして笑話があった。論理をこねまわすよりも破顔一笑、「笑い」を誘って自らの思想の世界へ相手を引き入れたのであろう。

この『笑賛』の著者趙南星《ちょうなんせい》は、明代の人。政争によって高い地位を追われ、不遇のうちにこの世を去った人である。笑いのうちにうさを晴らし、自らのなぐさめとしたのであろうか。

▼書き下し文▲

卜者《ぼくしゃ》の子本業《こほんげふ》を習《なら》はず。父之《ちちこれ》を譴怒《けんど》す。子曰《こいは》く、「此《こ》れ甚《はなは》だ易《やす》きのみ」と。次《つぎ》の日風雨《ひふうう》の中《うち》より卜《ぼく》を求《もと》めし者有《ものあ》り。父子《ちちこ》に命《めい》じて試《こころ》みに之《これ》を為《な》さしむ。子即《こすなは》ち問《と》ひて曰《いは》く、「汝東北《なんぢとうほく》の方《かた》より来《きた》れるか」と。曰《いは》く、「然《しか》り」と。曰《いは》く、「汝《なんぢ》の姓《せい》は張《ちやう》なるか」と。曰《いは》く、「然《しか》り」と。復《ま》た問《と》ふ、「汝尊正《なんぢそんせい》の為《ため》に卜《ぼく》するか」と。亦《また》曰《いは》く、「然《しか》り」と。其《そ》の人卜《ひとぼく》し畢《を》はりて去《さ》る。父驚《ちちおどろ》き問《と》ひて曰《いは》く、「爾何《なんぢなん》ぞ前知《ぜんち》すること此《か》くのごとくなる」と。子答《こた》へて云《い》ふ、「今《け》日《ふ》は乃《すなは》ち東北《とうほく》の風《かぜ》なり。其《そ》の人西《ひとにし》に面《めん》して来《きた》れば、肩背尽《けんはいことごと》く湿《しめ》れり。是《ここ》を以《もつ》て之《これ》を知《し》れり。傘《かさ》の柄《え》に明《あきら》かに清河郡《せいかぐん》と刻《こく》せり。張《ちやう》姓《せい》に非《あら》ずして何《なん》ぞや。且《か》つ風雨《ふうう》是《か》くのごとし。妻《つま》の為《ため》ならずんば、誰《たれ》か肯《あ》へて父母《ふぼ》の為《ため》に出《い》で来《きた》らんや」と。

賛《さん》に曰《いは》く、「卜者《ぼくしゃ》の子甚《こはなは》だ是《こ》れ聡明《そうめい》なれども、惜《をし》むべし曾《かつ》て孟《まう》子《し》を読《よ》まざりしことを。若《も》し孟子《まうし》を読《よ》み了《をは》りし時《とき》は、便《すなは》ち人《ひと》の性《せい》は皆善《みなぜん》なるを知《し》る。豈《あ》に父母《ふぼ》を視《み》ること反《かへ》つて妻《つま》より軽《かる》きの理《ことわり》有《あ》らんや」と。

▼全文解釈▲

占い師の息子が家業を習おうとしなかった。父が怒ってしかると、息子が言うには、「そんなことはいたって簡単ですよ」と。次の日、風雨の中を占いを見てもらいにやって来た人がいた。父親は、息子に命じてためしに占いをさせてみた。息子はすぐさま（客に）たずねた。「あんたは東北の方角から来たのですね」と。客が言った、「そうです」と。息子が言った、「あんたの姓は張ですね」と。客が言った、「そうです」と。息子がまた言った。「あんたは奥さんのために占うのですね」と。客がまた言った、「そうです」と。その客は占いが終わると帰っていった。父親が驚いてたずねた、「どうしてこんなに前もってわかるのか」と。子が答えて言った、「今日は東北の風です。あの人は西に向かってやって来たので、肩や背がすっかり濡れたのです。それでわかったのです。傘の柄にちゃんと『清河郡』と彫ってありました。（これは）張姓でなくて何でしょう。そのうえこんなにひどい雨です。妻のためでなかったら、いったい誰がわざわざ父母のためにやって来るものですか」と。

賛に言う、「この占い師の息子はたいへん聡明であるが、惜しいことに『孟子』を読んだことがないようだ。もし『孟子』を読んでいたなら、人の生まれつき（＝本性）はみな善であることを理解していたはずである。（そうすれば）いったい父母を妻より軽視するなんて道理があるであろうか」と。

▼解釈のポイント▲

易《やすキ》耳《のみ》　「易」には、①容易・やさしい（「やすシ」と読み、音読では「イ」）、②変わる・交換する（「かハル・かフ」と読み、音読では「エキ」）などの意味がある。ここでは①の意味。「耳」は、限定の助詞。普通「――だけ」と訳すが、ここでは強意の働きをしているので、訳さなくてもよい。

命《めいジテ》レ子《こニ》試《こころミニ》為《なサシム》レ之《ヲ》　「命《ジテ》レA《ニ》□《（セ）シム》」（Aに命令して□させる）の使役形。「為」は、ここでは「なス」と読み、「する・行なう」の意味。「之」は「占い」を指す。

即《すなはチ》　「すぐさま」の意。

汝《なんぢ》東《とう》北《ほくノ》方《かたヨリ》来《きたレル》乎《か》
汝《なんぢノ》姓《せいハ》張《ちやうナル》乎《か》
汝《なんぢ》為《ためニ》二尊《そん》正《せいノ》一卜《ぼくスル》乎《か》
「汝」は、「お前（さん）」と訳す。「――乎《か》」は「――か」の疑問文。

然《しかり》　「そうである」の意味で、相手の発する疑問に対して肯定を表した言葉。

爾《なんぢ》何《なんゾ》前《ぜん》知《ちスルコト》如《ごとクナル》レ此《かクノ》　「爾」は「汝」と同じ。「何《ソ》――」は疑問形で、「どうして――か」と訳す。「如《シ》レ此《クノ》」は「このよう（である）」の意味。したがって、「お前はどうしてこのように前もってわかったのか」の意味になる。

尽《ことごとク》　動詞で「つク・つクス」と読むこともあるが、ここでは、副詞で「ことごとク」と読み、「すべて・みな」の意味。

是《ここヲ》以《もつテ》　「こういうわけで」の意味。

不《ずンバ》レ為《ためナラ》レ妻《つまノ》、誰《たれカ》肯《あヘテ》為《ためニ》二父《ふ》母《ぼノ》一出《いデ》来《きたラン》　「不レ為レ妻」は後半の仮定条件になるので、「不《ンバ》レ為《ナラ》レ妻《ノ》」と読み、「妻のためでなかったならば」と訳す。「誰《カ》」は、ここでは反語の副詞で、「誰が——しようか、いや誰も——しない」と訳す。「肯」は「敢」と同じく「あへテ」と読むが、「承知する」の意味。上に否定詞や反語の副詞がある場合には、「——することを承知しない」と訳す。また「肯」は動詞として「がへンズ」と読むこともある。

便《すなはチ》「そのまますぐに・たやすく」の意味。

反《かへツテ》「返」と同じく「かへル・かへス」とも読むが、ここでは、「逆に・反対に」の意味。

▼設問解説▲

問一 〈**解釈のポイント**〉を参照してもらいたい。㋑「易」は、終止形では「やすシ」と読むが、ここでは「耳《のみ》」に接続しているので、連体形で「やすキ」と読む。次に読む語句との接続に注意しよう。

問二 傍線部の直前の「是《ヲ》以《テ》」（こういうわけで）に注意すると、「是《ヲ》以《テ》知《ル》レ之《ヲ》」は「こういうわけでそれがわかった」と訳すことができ、その前の「今日《ハ》乃《チ》東北《ノ》風《ナリ》。其《ノ》人面《シテ》レ西《ニ》而来《レバ》、肩背尽《ク》湿《レリ》」の部分に、(b)なぜ知ることができたのか、の答えが述べられているとわかる。解答は、この部分の解釈をもとにしてまとめればよい。(a)どういうことを知ったのか、については、(b)の答えから逆に考えればよいだろう。

問三 〈**解釈のポイント**〉を参照してもらいたいが、二箇所の「為《ため》」、「不《ずンバ》」そして反語形などの訳に注意したいところである。

問四 空欄を含む一文を解釈してみると、「もし『孟子』を読んでいたなら、人の本性はみな□であることを理解していたはずだ」となる。これで、「人の本性はみな□である」というのは孟子の説く思想だと判断されよう。あとは、思想史に関する知識の問題となる。

孔子を祖とする儒家は、多くの弟子たちによって受け継がれてゆくが、その中に傑出した二人、**孟子**（姓は孟《もう》、名は軻《か》）と**荀子《じゅんし》**（姓は荀、名は況《きょう》）がいる。ともに戦国時代の人であるが、両者の「性《せい》」（人間が生まれつきもっている本性）のとらえ方は対照的で、孟子は、性は善であるとし（**性善説《せいぜんせつ》**という）、荀子は、性は悪であるとした（**性悪説《せいあくせつ》**という）。したがって、空欄には、ウ「善」が入ることになる。

問五 設問に、「賛」の文章の内容と一致するものを選べ、とあるので、「賛」の文章が正確に解釈できれば解答は求められる。〈**全文解釈**〉を参照してもらうとよいが、ア・ウは、「孟子を読んでいた」の内容が誤り。エは、「妻よりも父母を軽んじ……」、オは、「妻も父母も重んじた……」の内容がそれぞれ誤りである。

8 『荘子』山木

▼解答と配点▲

問一	ⓐ寿命　ⓑ旧友	（5点×2　10点）
問二	これをにしむ	（6点）
問三	どちらを殺したらよいでしょうか。	（7点）
問四	③無所可用　④不能鳴	（5点×2　10点）
問五	ア	（7点）
問六	(1)イ　(2)オ	（5点×2　10点）

▼本文解説▲

荘子《そうし》は、名を周といい、戦国時代の人である。『荘子』はその著書名。彼は、老子を受け継いで、宇宙の根源を「無」とし、またそれは絶対不変でもあるがゆえに「道」と称した。その学派を「道家」と呼ぶ。仁・義・礼・智などの儒家の主張する徳目を人為的であると非難した。その主張は、あるがままの状態を理想とする「無為自然《むいしぜん》」、また、一般的な意味での「有用」を否定して「無用」であることこそが「大用」をなすのだとする「無用の用」という成語がよく知られている。

本文は「無用の用」という概念の主張に関わる所である。役にたたない（＝無用である）がゆえに、切られることを免れて天寿を全《まっと》うした大木と、同じ理由のために殺されてしまった雁を挙げている。本文は、「先生将《まさ》に何《いづ》れに処《を》らんとする」という弟子の質問で終わっているが、これに続く部分で荘子は、そういう常識的な基準をもとにした「（有）用」「無用」は相対的であるとして斥《しりぞ》け、それらを越えた絶対の世界（＝道）に身を置くべきだと、論を展開している。

▼書き下し文▲

荘子《さうし》山中《さんちう》を行《ゆ》きて、大木《たいぼく》の枝葉盛茂《しえふせいも》するを見《み》る。木《き》を伐《き》る者《もの》其《そ》の旁《かたはら》に止《とど》まるも、取《と》らざるなり。其《そ》の故《ゆゑ》を問《と》へば、曰《いは》く、「用《もち》ふべき所《ところ》無《な》し」と。荘子《さうし》曰《いは》く、「此《こ》の木《き》不材《ふざい》を以《もつ》て其《そ》の天年《てんねん》を終《を》ふるを得《え》たり」と。夫子《ふうし》山《やま》より出《い》で、故人《こじん》の家《いへ》に舎《しや》す。故人喜《こじんよろこ》び、豎子《じゆし》に命《めい》じて雁《かり》を殺《ころ》して之《これ》を烹《に》しむ。豎子《じゆし》請《こ》ひて曰《いは》く、「其《そ》の一《いつ》は能《よ》く鳴《な》き、其《そ》の一《いつ》は鳴《な》く能《あた》はず。請《こ》ふ奚《いづ》れを殺《ころ》さん」と。主人《しゆじん》曰《いは》く、「鳴《な》く能《あた》はざる者《もの》を殺《ころ》せ」と。明日弟子《みやうにちていし》荘子《さうし》に問《と》ひて曰《いは》く、「昨日山中《さくじつさんちう》の木《き》は不材《ふざい》を以《もつ》て其《そ》の天年《てんねん》を終《を》ふるを得《え》たり。今主人《いましゆじん》の雁《かり》は不材《ふざい》を以《もつ》て死《し》す。先生将《せんせいまさ》に何《いづ》れに処《を》らんとする」と。

▼全文解釈▲

荘子（の一行）が山中を歩いていて、大きな木で枝葉が盛んに茂っているのが見えた。木こりがその木のそばに立っていたが、木を切らなかった。その理由を問うと（木こりは）言った、「使い道がないのです」と。荘子は（弟子たちに）言った、「この木は（木として）役にたたないという理由で、その天寿を全うすることができたのだ」と。先生（＝荘子）（の一行）は山から出ると、旧友の家に宿泊することになった。旧友は喜んで、召使いの少年に命令して雁を殺して料理させようとした。召使いの少年は（主人に）たずねて言った、「一方は鳴くことができるのですが、もう一方は鳴けません。どちらを殺したらよいでしょうか」と。主人は言った、「鳴けない方を殺しなさい」と。翌日、弟子が荘子に質問して言った、「きのうの山中の木は役にたたないおかげでその天寿を全うすることができました。さっきの主人のところの雁は、役にたたないために殺されました。（いったい）先生は（有用と無用との）どちらに身を置こうとされるのですか」と。

▼解釈のポイント▲

得《う》ニ――（スル）ヲ　「――できる」の意。

夫子《ふうし》　男子の尊称。目上の人を指して、ふつう「先生」と訳す。また特に「孔子」の尊称としても使う。ここは「荘子」の尊称として使っている。

故人《こじん》　現代語では「死者」の意味であるが、漢文では「故《ふる》き人」つまり「昔からの友人」の意味である。

命《めい》ジテ豎子《じゅし》ニ殺《ころ》シテ雁《かり》ヲ而烹《に》シム之《これ》ヲ　「命《めい》ジテA ニ□（セ）シム」は、「Aに命令して□させる」という使役形。「命じて」の他に「召《め》して」「遣《つかは》して」などの語が置かれることもある。

請《こ》フ――（セ）ン　「どうか――」と願い求める形で、文末を「ん」で結ぶ場合は「どうか（私に）――させてください」と訳す。また「――しようではないか」と呼びかけの語としても用いる。

奚《いづ》レヲ　「奚」は「胡」「曷」等とともに「何」と同じ用法をもつ。ここは二者択一の疑問文で「どちらを」と訳す。「請フ奚レヲ殺サン」は「どちらを殺したらよいでしょうか」の意味になる。

将《まさ》ニ何《いづ》レニ処《を》ラントスル　「将」は「まさニ――（セ）ントす（今にも――しようとする）」と読む再読文字。「何処」は、普通は「いづレノところ」と読むが、ここはそれでは述部がなくなってしまって意味をなさなくなるので「処」を動詞として「をル」と読む。直前の文章に目をつけると「昨日山中の木は……」「今主人の雁は……」と二者が対句的に並んでいるので「いづレニをル」と読んで「将」の読みに合わせる。したがって全体では「まさニいづレニをラントすル（どちらにいようとされるのですか）」となる。

▼設問解説▲

問一　ⓐは「大木は切られなかったので『天年』を終えることができた」という荘子の言葉から考えて「（天から授けられた）寿命」の意味となる。ⓑは〈**解釈のポイント**〉参照。

問二　「烹之」は普通は「之《これ》を烹《に》る」と読む。しかし、ここは〈**解釈のポイント**〉にあるように「命ジテA ニ□（セ）シム」と読む使役形であるから「これヲにシム」と読む。

問三　〈**解釈のポイント**〉参照。

問四　「材」は注に「有用である」とあるから「不材」とは「無用である」の意味となる。「無用であるという理由で」山木は「天年を終える（＝切られない）」ことができ、雁は「死んだ（＝殺された）」というのであるから、それぞれ「無所可用」「不能鳴」が答えとなる。

問五　〔**解釈のポイント**〕参照。

問六　〔**本文解説**〕参照。

(1)　ア「儒家」は、春秋時代の魯《ろ》の国の人孔子を祖とする学派で、「仁」や「義」、「孝・悌・忠・信」などの徳目の実践を主張する。戦国時代に「性善説」を説いた孟子、「性悪説」を説いた荀子もこの学派である。ウ「農家」とは、文字通り農耕を重視して衣食が足るように主張した学派である。エ「兵家」は孫武《そんぶ》・呉起《ごき》（それぞれ孫子・呉子という）を中心にし、文字通り「用兵の術」を講じた学派である。オ「法家」については問題2の〔**本文解説**〕参照。

(2)　イ「兼愛非攻」は「全ての人をわけへだてなく愛し、軍事力をなくす」こと。儒家の肉親の情を中心にした「仁（思いやり）」を差別的な愛であると非難した、墨翟《ぼくてき》（墨子と呼ぶ）の主張。エ「合従《がっしょう》（＝縦）連衡《れんこう》（＝横）」とは「縦《たて》（＝南北）を合し、横（＝東西）に連なる」の意で「同盟」のこと。戦国末期、強大な秦に対抗するために他の六国が南北に同盟することを説いた蘇秦《そしん》、その同盟を秦のために切りくずし、新たに秦と六国の各国がそれぞれ東西に同盟することを説いた張儀《ちょうぎ》の二人の建策である。彼らを「縦横家《じゅうおうか》」と呼ぶ。

9 『世説新語』規箴

▼解答と配点▲

問一　㋑かつて　㋺なんぢ《じ》　㋩なかれ　（4点×3　12点）

問二　a まさに　b しばしば　c ていをかへりみる《え》　d べきのみ／べし　（a～d各3点　12点）

問三　エ　（6点）

問四　帝（陛下）は、一体 a どうして b おまえが c 乳をさしあげていた時の恩など d おぼえていらっしゃるであろうか。（いや、もうおぼえてはいない。）　（a・c各4点、b・d各2点　12点）

問五　ウ　（8点）

▼本文解説▲

『世説新語《せせつしんご》』については問題1の〔本文解説〕参照。

本文は規箴《きしん》篇（「規」は正す、「箴」は戒める、自分や人を戒めて過ちを防ぐ手がかりとするの意）に収められたものである。東方朔《とうほうさく》は漢の武帝《ぶてい》の時代の人で、『史記《しき》』「滑稽伝《こっけいでん》」に載せられていることからもわかるように、機知、ユーモアに富んだ人物で、酷薄非情の人と言われた武帝にさえ愛され、様々な滑稽な奇行が伝えられている。伝説では、仙術をよくし、西王母の桃を盗み食って長寿を保ったと言われている。

ここでは東方朔が人情の機微を察するに巧みであったことをうかがわせるエピソードが綴られている。直接武帝に乳母の助命をお願いしても法をたてに拒否されるであろうと考えて、間接的なやり方で武帝の情愛をひき出そうとしたのである。

▼書き下し文▲

漢《かん》の武帝《ぶてい》の乳母《にうぼ》嘗《かつ》て外《そと》に於《お》いて事《こと》を犯《をか》す。帝憲《ていけん》を申《の》べんと欲《ほっ》し、乳母《にうぼ》救《すくひ》を東方朔《とうほうさく》に求《もと》む。朔曰《さくいは》く、「此《こ》れ唇舌《しんぜつ》の争《あらそ》ふ所《ところ》に非《あら》ず。爾《なんぢ》必《かなら》ず済《すく》はれんことを望《のぞ》まば、将《まさ》に去《さ》らんとする時《とき》、但《た》だ当《まさ》に屢《しばしば》帝《てい》を顧《かへり》みるべきのみ。慎《つつし》みて言《い》ふこと勿《な》かれ。此《こ》れ或《あるい》は万一《まんいち》に冀《こひねが》ふべきのみ」と。乳母《にうぼ》既《すで》に至《いた》る。朔《さく》も亦《また》側《かたはら》に侍《じ》す。因《よ》りて謂《い》ひて曰《いは》く、「汝《なんぢ》は痴《ち》なるのみ。帝《てい》豈《あ》に復《ま》た汝《なんぢ》が乳哺《にうほ》の時《とき》の恩《おん》を憶《おも》はんや」と。帝才雄《ていさいいう》にして心忍《こころにん》なりと雖《いへど》も、亦《また》深《ふか》く情恋《じやうれん》有《あ》り。乃《すなは》ち悽然《せいぜん》として之《これ》を愍《あはれ》み、即《すなは》ち勅《ちよく》して罪《つみ》を免《めん》ぜり。

▼全文解釈▲

漢の武帝の乳母《うば》が、ある時宮廷の外で罪を犯した。武帝は法に照らして処罰しようとしたので、乳母は東方朔に（救いを）求めた。朔は言った、「これは弁舌（が巧みなこと）では争うことができないことだ。おまえが必ず助かりたいと思うのであれば、武帝にいとまごいをする時、ただ何度も武帝の方をふりかえりなさい。決してものを言ってはならない。こうすればあるいは万に一つ望みがかなうかもしれない」と。乳母が（武帝のもとに）やって来た。朔も（帝の）おそばにひかえていた。そこで朔は乳母に言った、「おまえは馬鹿である。帝は一体どうしておまえが乳をさしあげた時の恩などおぼえていらっしゃるであろうか」と。武帝は剛毅で非情な性格ではあったが、一方人情にもろいところがあった。それで、乳母がかわいそうになり、すぐさま詔勅を下して、罪をゆるしてやった。

▼解釈のポイント▲

嘗《かつテ》　「以前に」の意味。

欲《ほつス》—　「欲」は、後に用言を伴う時には「——（セ）ント《(セ)ント》ほっス」と読み、「——しようとする・——しそうだ」と訳す。

爾　①なんぢ（＝汝）、②のみ（＝耳）、③しかリ（＝然）などの読みがあるが、ここでは①の敬意を含まない二人称としての用法。

将《まさニ》—《(セ)ント》《す》　再読文字。「いまにも——しようとする」の意味。「且」にも同じ用法がある。

但《たダ》—《ノミ》　限定形。「ただ——だけだ」（限定）、「——にほかならない」（強意）の意味を表す。

当《まさニ》—《(ス)》《ベシ》　再読文字。「当然——すべきだ」の意味。「応」も「まさニ——（ス）ベシ」と読むので一緒に覚えておこう。

屢《しばしば》　「数《しばしば》」に同じ。

勿　「無」「莫」「毋」と同じで「なシ」と読む。しばしば「なカレ」と読んで禁止の意味で用いられる。

因《よリテ》　「そこで」の意味。「よツテ」とも読む。

豈《あニ》復《タ》—邪《(セ)ンや》　反語形。「どうして——しようか、いや——しない」の意味。反語形の解釈は、何が強調されているかを正確に捉えることがポイント。何が強調されているかを誤りなく捉えるためには「豈」を「不」に置きかえてみるとよい。ここでは「不ニ復《また》——」」つまり「もう——ない」という内容が強調されていることになる。

雖《いへどモ》—《ト》　①「——だけれども・——だがしかし」という意味の逆接の接続語。②「たとえ——だとしても」という意味の仮定条件を表すこともある。ここでは①の用法。

忍《にんナリ》　「残忍だ・むごたらしい」の意味。

乃《すなはチ》　「そこで」の意味。

即《すなはチ》　「すぐに」の意味。

▼設問解説▲

問一　〔解釈のポイント〕参照。

問二　「当」は「まさニ——（ス）ベシ」と読む再読文字。「屢」は「数」に同じで「しばしば」と読む。「顧レ帝」は「帝を顧《かへり》みる」。したがって、全体では「当《まさ》に屢《しばしば》帝を顧みるべし」となるが、傍線部直前に「但《たダ》」があるので限定形とみなし、文末を「顧みるべきのみ」とした方がよい。

問三　会話文の中に「帝」が登場するし、「汝《ガ》乳哺《ノ》時」とあるから、東方朔が乳母に語っていることはすぐにわかるだろう。ただ、厳密に言えば、この東方朔の言葉は、武帝に聞かせるために語られていることは確かである。この言葉を武帝に聞かせて、武帝の情にもろい性格につけ入ろうとたくらんだのである。

問四　〔**解釈のポイント**〕参照。「乳哺《にうほ》」は「乳を与えて養うこと」だが、「汝」（おまえ）が「乳母」を指していることから、だいたいの意味は推測できるだろう。「憶」は「記憶」の意味。

問五　全体の文意はとり易いはずだ。東方朔の機知によって乳母が助かったという話である。勿論、武帝の剛毅さと人情深い性格も表現されているが、しかし、エのように「使い分ける」などという読みは成立しないだろう。やはりここでは東方朔の読みの深さ・機知が主題であると考えた方がよい。

10 袾宏『竹窓随筆』

▼解答と配点▲

問一　㋑ただ　㋺かくのごとき　（4点×2　8点）
問二　ア　（10点）
問三　ア　（10点）
問四　名を好まざる者（a）　有る(こと)無し(と)（b）。（a 6点、b 4点　10点）
問五　エ　（12点）

▼本文解説▲

『竹窓随筆《ちくそうずいひつ》』は明の袾宏《しゆこう》の著。袾宏は高僧で、門人が千人いたと言われている。本書は、彼の随筆集で、テーマは多方面にわたっているが、仏僧としての視点から述べられたものが多い。

本文は、名誉を好むという世の風潮に関して論じた文章。利益を好むことによる弊害は目につきやすいため、自分を大切にしている人は利益などには見向きもしない。ところが、こと名誉に関しては、世の人々はそれを好むことがいかにひどい弊害をもたらすかを知らず、あくせくと追求してしまうのである、と述べている。

▼書き下し文▲

人《ひと》利《り》を好《この》むの害《がい》を知《し》れども、名《な》を好《この》むの害《がい》を為《な》すこと尤《もつと》も甚《はなは》だしきを知《し》らず。知《し》らざる所以《ゆゑん》は、利《り》の害《がい》は粗《そ》にして見《あらは》れ易《やす》きも、名《な》の害《がい》は細《さい》にして知《し》り難《がた》ければなり。故《ゆゑ》に稍《やや》自《みづか》ら好《この》むことを知《し》る者《もの》は、便《すなは》ち能《よ》く利《り》を軽《かろ》んず。名《な》に至《いた》りては、大賢大智《たいけんたいち》に非《あら》ざれば、免《まぬか》るる能《あた》はざるなり。名《な》を立《た》てんことを思《おも》はば、則《すなは》ち故《ことさら》に詭異《きい》の行《おこな》ひを為《な》す。名《な》を保《たも》たんことを思《おも》はば、則《すなは》ち曲《ま》げて遮《しや》掩《えん》の計《けい》を為《な》す。終身《しうしん》名《な》に役役《えきえき》とするに之《こ》れ暇《いとま》あらざれば、身心《しんしん》を治《をさ》むるに暇《いとま》あらんや。昔《むかし》一老宿《いちらうしゆく》言《い》ふ、「世《よ》を挙《あ》げて名《な》を好《この》まざる者《もの》有《あ》ること無《な》し」と。因《よ》りて長嘆《ちやうたん》を発《はつ》す。坐中《ざちう》の一人《いちにん》作《た》ちて曰《いは》く、「誠《まこと》に尊諭《そんゆ》のごとし。名《な》を好《この》まざる者《もの》は、惟《た》だ公一人《こういちにん》のみ」と。老宿《らうしゆく》欣然《きんぜん》として大《おほ》いに悦《よろこ》びて頤《い》を解《と》く。己《おのれ》の売《う》る所《ところ》と為《な》るを知《し》らざるなり。名関《めいくわん》の破《やぶ》り難《がた》きこと是《か》くのごときかな。

▼全文解釈▲

人は利益を好むことによる弊害は知っているが、名誉を好むことがとくに著しい弊害をもたらすことは知らない。（そのことを）知らない理由は、利益を求めることがもたらす弊害は粗大で目につきやすいが、名誉を求めることがもたらす弊害は微細で気づきにくいからである。だから、少しでもわが身を大切にすることを心得ている人は、利益を軽視することができる。（ところが）名誉を求めることによる弊害に関しては、すぐれた賢者智者でなければ、逃れることはできないのである。名誉を得たいと思えば、わざと風変わりな行為を行う。得た名誉を維持したいと思えば、事実を曲げてごまかしの計略をはかる。一生名誉のためにあくせくし続けて休む間もないのであれば、心身の修養をする暇などあるはずがない。むかし一人の高僧が言った、「世の中の人みんな名誉を好まない者はいない」と。そこで長くため息をついた。その場にいた一人が立ち上がって言った、「まことにおっしゃるとおりでございます。名誉を好まないのは、あなた一人だけです」と。高僧はたいそう喜んで大笑した。（高僧は）自分がだまされた（からかわれた）ことに気づかなかった。名誉と言う関門は、なんとこのように打破しがたいものなのか。

▼解釈のポイント▲

尤《もっとも》 「とりわけ・とくに」の意味。

所以《ゆゑん》 ①原因・理由、②手段・方法、③目的、④こと・もの、などの意味があるが、ここでは①の意味。

易《やすシ》レ見《あらはレ》 「易」には、①容易・やさしい（「やすシ」と読む）、②変わる・換える（「かハル・かフ」と読む）などの意味があるが、ここでは①の意味。
「見」には、①見る・会う（「みル」と読む）、②お目にかかる（「まみユ」と読む）、③現れる・表す（「あらハル・あらハス」と読む）、④——される（受身で「る・らル」と読む）などの意味があるが、ここでは③の意味。

故《ゆゑ》ニ 「だから」の意味。

稍《やや》 「少し・わずかに」の意味。

自《みづかラ》好《このム》 この場合は「自分を大切にする」の意味。

便《すなはチ》 「すぐに」の意味。

能《よク》 「能」は、否定詞「不」を伴なわない場合は、「よク」と読んで「——できる」の意味になる。

至《いたリテハ》二於名《な》一 「至《リテハ》二——一」は「——に関しては」の意味。

非《あらザレバ》二大《たい》賢《けん》大《たい》智《ち》一、不《ざル》レ能《あたハ》レ免《まぬかルル》也《なり》 「非二——一不二……一」は「——に非《あら》ざれば（非《あら》ずんば）……(せ)ず」と読み、「——でなければ……しない」の意味になる。ここは「すぐれた賢者智者でなければ免れることはできない」の意味。

故《ことさらニ》 「わざと」の意味。

終《しう》身《しん》役《えき》二役《えきトスル》二於名《な》一之《これ》不《ざレバ》レ暇《いとまアラ》 「終身」は「一生・生涯」の意味。「役二役《トスル》二於名一之不レ暇《アラ》」は倒置形。「目的語・補語」は通常「述語」の後に置かれ、「述語」に返読する構造となるが（□《ス》レA《ヲ》・□《ス》レA《ニ》）、強調するために前に置かれることがある。この場合、「目的語・補語」と「述語」の間に「之《これ》（是《これ》）」を補う（A《ヲ》之レ□《ス》・A《ニ》之レ□《ス》）。「之レ」は倒置したことを示す助字なので訳す必要はない。したがって、ここは「不レ暇《レバ》三役《トスル》二於名《ニ》一」と同様の意味になる。また、「不レ暇《レバ》」の「ざレバ」は「已然形＋ば」で順接の条件（仮定・確定・原因）を表す。ここは仮定条件。

暇《いとまアラン》レ治《をさムルニ》二身《しん》心《しんヲ》一乎《や》 「——乎《(セ)ンや》」は反語形で、「——しようか、いやしない」の意味になる。ここは「心身を修養する暇《ひま》があろうか、いやそんな暇はない」の意味。

挙《あゲテ》レ世《よヲ》 この場合の「挙《あゲテ》」は、「挙国」「挙家」の「挙」と同じで「すべて・こぞって」の意味。「挙《ゲテ》レ世《ヲ》」は「世の中の人みんな」の意味である。

因《よりテ》 「そこで」の意味。

如《ごとシ》二――ノ一 「――のようだ」の意味。

惟《たダ》――而已《のみ》 限定形で「ただ――だけだ」の意味。限定の副詞には「惟《たダ》・唯《たダ》・徒《たダ》・但《たダ》・特《たダ》・只《たダ》・直《たダ》・独《ひとり》」などがある。限定の助詞には「耳《のみ》・爾《のみ》・已《のみ》・而已《のみ》・而已矣《のみ》」などがある。

為《なル》レ所《ところト》レ売《うル》 受身形「為《なル》二Aノ所《ところト》レ□《（スル）》一」（Aに□される）で、Aに当たる語句が省略されている。Aに当たる語句は「坐中ノ一人」であり、「その場にいたある人物にだまされた」の意味。「売」は、「売国」というように「だます・裏切る」の意味であるが、ここでは「だまされた」というより「からかわれた」とやや軽い意味で受け取った方がわかりやすいだろう。

如《ごとキ》レ是《かクノ》哉《かな》 「如レ是」は「このようである」の意味で「かクノごとシ」と読む。「――哉《かな》」は詠嘆形で「――だなあ」の意味。この「如レ是」は、「哉《かな》」（体言または連体形に接続する）が後に続くので、「如《ごとシ》」を連体形に活用させて「かくのごとき」と読む。

▼設問解説▲

問一 〔**解釈のポイント**〕参照。

問二 「至《リテハ》二於名《ニ》一」は、直訳すると「名誉に関しては」となるが、前の記述に着目すると「好《ム》レ利《ヲ》之害」「好《ム》レ名《ヲ》之為《スコト》レ害《ヲ》」について論じているので、「名誉を好む弊害に関しては」の意味であると判断できる。ウ・エ・オは誤り。「非《ザレバ》二大賢大智《ニ》一、不《ル》レ能《ハ》レ免《ルル》也」は、「非《ザレバ》二――ニ一不二……《（セ）》一」（――でなければ……しない）という否定の連用の形に注意して直訳すると「すぐれた賢者智者でなければ免れることができない」となる。イは誤り。正解はア。

問三 まず前半の意味を考える。「終身」は「一生・生涯」、「役二役《トスルニ》於名《ニ》一」は「名誉のために心身を労する」、「不《レバ》レ暇《いとまアラ》」は「ひまがない」の意味なので、エ「時間を浪費する」、オ「時間の無駄」は誤り。また「不《レバ》レ暇《アラ》」の「ざレバ」が順接の条件を表すので、ウ「としても」（逆接の仮定条件）は誤り。

後半は〔**解釈のポイント**〕でも説明したように反語形で、「暇《アラン》二――一乎」では「――するひまがあろうか、いやそんなひまはない」の意味となる。アとイは「治《ム》二身心《ヲ》一」の解釈が異なっているが、「治《ム》二身心《ヲ》一」は「心身の修養をする」の意味なので、正解はア。

前半の倒置形を〔**解釈のポイント**〕で説明したように、もとの形「終身不《レバ》レ暇《アラ》三役二役《トスルニ》於名《ニ》一」に置き換えると、前半の「不《レバ》レ暇《アラ》」とその対象「役二役《トスルニ》於名《ニ》一」、後半の「暇《アラン》二――一乎」とその対象「治《ムルニ》二身心《ヲ》一」が、対比されていることがわかりやすくなる。つまり、一生あくせくと名誉を追い求めていると、肝腎な心身の修養ができなくなってしまう、と述べているのである。

問四 「不レ好レ名」は「名を好まず」と読むが、「不レ好レ名者」では、後に「者」が続くので「不《ず》」を連体形に活用させて「名を好まざる者」と読む。「有二――者一」は、者から「有《リ》」に返る場合であるから、「者」に送り仮名を施さず「――者有り」と読む。最後に「無レ有」は、活用語から「無」に返る場合なので「有り」を「連体形（＋こと・もの）」として「有る（こと・もの）無し」と読む。

問五 本文では、人は「好《ム》レ利《ヲ》之害」を知っているが、「好《ム》レ名《ヲ》」ことがひどい害をもたらすことを知らないと述べているので、ア「ともに大きいものであると考えている」は誤り。イは「名誉を維持しようとするあまり、風変わりな行為をし」とあるが、本文では名誉を得るために「風変わりな行為」をすると述べているので誤り。本文には、自分を大切にすることを少しでも知っている者は利益を軽視するとあるので、ウ「ついつい目先の利益に心を迷わしてしまう」は誤り。高僧は、「名誉を好まないのは、あなただけだ」と「坐中《ノ》一人」に称賛されて大喜びしたのだが、「不《ルナリ》レ知《ラ》二己《ノ》為《ルヲ》一所《ト》レ売《ル》矣」（高僧は自分がだまされた・からかわれたことに気づかなかった）とあることからわかるように、「坐中《ノ》一人」に手玉に取られてしまったのである。オ「心から誉めたたえた」は誤り。「坐中《ノ》一人」におだてられて喜んだ高僧は「名誉を好む人間にほかならな」いから、エが正解である。

11　王維『送別』二首

▼解答と配点▲

問一　① a どこへ　b 行くのか（aは「どうして」も可。）
　（a・b各3点）（6点）
　② 思い通りにならない（「志を得ない」も可。）（6点）

問二　③ a また　b とふ《う》（こと）　c なかれ（cは「なし」も可。）
　（a～c各2点）（6点）
　④ a われをして　b かなしま　c しむ
　（a～c各2点）（6点）

問三　イ（6点）

問四　イ（6点）

問五　エ（8点）

問六　A　五言古詩（3点）
　B　七言絶句（3点）

▼本文解説▲

A・Bともに王維《おうい》の「送別」と題する詩である。王維は盛唐の詩人、字《あざな》は摩詰《まきつ》。山水の美を題材とした詩が多く、脱俗のおもむきがあり、**自然詩人**と呼ばれる。

Aは五言古詩、俗世間で思うように生きられず、南山に隠遁しようとする友人を見送る詩である。この詩は、俗世界から逃れたい自分自身の心境を述べるために架空の友人「君」を送った詩かもしれない。Bは七言絶句、当時東都と呼ばれた洛陽《らくよう》へ行く友人を見送る詩である。

▼書き下し文▲

A
馬《うま》を下《お》りて君《きみ》に酒《さけ》を飲《の》ましむ
君《きみ》は言《い》ふ意《い》を得《え》ず
但《た》だ去《さ》れ復《ま》た問《と》ふ莫《な》かれ
君《きみ》に問《と》ふ何《なん》の之《ゆ》く所《ところ》ぞ
南山《なんざん》の陲《ほとり》に帰臥《きぐわ》すと
白雲《はくうん》尽《つ》くる時《とき》無《な》し

B
君《きみ》を南浦《なんぽ》に送《おく》りて涙《なみだ》糸《いと》のごとし
君《きみ》は東州《とうしう》に向《むか》ひ我《われ》をして悲《かな》しましむ
為《ため》に報《ほう》ぜよ故人《こじん》顦悴《せうすい》し尽《つ》くして
如今《じよこん》は似《に》ず洛陽《らくよう》の時《とき》にと

▼全文解釈▲

A
馬からおりて君に酒を飲ませる
君に尋ねる、どこへ行くのかと
君は言う、思い通りにならないから
南山のふもとにひっこむのだと
よしわかった行ってくれ、もうたずねて来なくてもよい
南山の白雲は消える時がないだろう

B
君を南浦まで送って来たが涙は糸のように流れ落ちる

君はこれから東の地（洛陽）へと向かい私を悲しませる私のために伝えてくれ、昔の友人私はやつれはて今ではかつての洛陽時代と似ても似つかぬと

▼解釈のポイント▲

何《なんノ》所《ところゾ》之《ゆク》　「何」は様々な意味を持つ疑問詞だが、ここでは後の「所之」とのつながりから「どこ」（あるいは「どうして」）の意味である。「所之」の「之」は「の」「これ」など多様な読み方があるが、ここでは動詞として「ゆク」と読む。「所」は後に動詞を伴って、動詞を体言化し、動作の目的・理由・場所などを表す。この場合は、全体で「どこへゆくのか」・「どうしてゆくのか」の意味となる。

不《ず》得《え》意《いヲ》　「思い通りにならない」の意味。「得意」は「失意」の反対で「思い通りになる」。

帰《き》臥《ぐわ》　郷里に帰って休息する。隠《いん》遁《とん》する。

南《なん》山《ざん》　唐の都長安から南方に連なる山脈。ここに王維の別荘があった。終南山ともいう。

莫《なカレ》復《まタ》問《とフ(コト)》　「莫」は「無」と同じで「なシ」または「なカレ」と読む。「なカレ」と読んだ場合は「――するな」という禁止を表す。「復」は「再び」の意味で、「莫《カレ》復《タ》――《(スル)(コト)》」となると「二度と――するな・もう――するな」という意味の部分否定。「問《フ》」は「訪問する」の意味。したがって、全体では「（君は）二度と（私を）たずねて来るな」という意味になる。また、全体を「莫《シ》復《タ》問《フ(コト)》」とし「復た問ふ（こと）莫し」と読んでもよい。こう読むと「問《フ》」は第二句の「問《フ》」と同じ「質問する」の意味となり、全体では「（私は君に）もう何も尋ねない」という意味になる。

涙《なみだ》如《ごとシ》糸《いとノ》　「如《シ》――《ノ》」は「――のようだ」の意味。「若《ごとシ》――《ノ》」に同じ。したがって「涙が糸のように（次から次に）流れ落ちる」という意味。

使《しム》我《ヲシテ》悲《シマ》　「使《ム》A《ヲシテ》□《(セ)》」は、使役形。Aには使役の対象、□には動詞が入り、「Aに□させる」という意味を表す。ここでは「我をして悲しましむ」と読み、「私を悲しませる」という意味。「使」のかわりに「令」を使っても同じ。

報　①知らせる（報告）、②むくいる（報復）などの意味があるが、ここでは①の意味。

故《こ》人《じん》　「旧友・親しい友人」の意味。「故《こ》旧《きう》」も同義の重要単語なので一緒に覚えておこう。ただし、ここでは洛陽にいる人たちにとっての旧友、つまり作者自身を指していることに注意すること。また、「故人」は現代語では「死んだ人」という意味でも使われるが、漢文ではこの意味で使われることはない。

如《じよ》今《こん》　今。現今。

洛《らく》陽《よう》　中国の古都。長安とならんで中国史上最も著名な古都。なお、唐の都は長安であるが、洛陽も繁盛した都市であり東都と称された。

▼設問解説▲

問一 ①「何の之《ゆ》く所ぞ」は「どこへ行くのか」「どうして行くのか」のどちらの解釈でもよい。

問二 ③の「莫」は「なカレ」「なシ」のどちらの読みでもよい。ただし、読み方の違いにより解釈も違ってくるので注意。〔**解釈のポイント**〕参照。

④はまず使役形であることに気づくこと。「使」は「しム」と読む。「我ヲシテ」及び「悲シム」と使役の「しム」の接続に注意しよう。

問三 「故人《こじん》」は「旧友・親しい友人」の意味の重要単語。ここでは、この「故人」が誰を指すかを問うている。誰が「顦悴し尽くして」「如今は似ず洛陽の時に」なのかを考えればよい。なお、オ「死んだ人」は「故人」の現代語における意味である。

問四 「如今《じょこん》」は「今」という意味。「不ㇾ似二――一」は「――に似ていない」という意味。何が「洛陽の時」に似ていないかを考えればよい。結局は傍線部⑥の主語（＝「故人」）がわかれば解ける問題である。なお、漢詩ではリズムを重んじて返読はなるべく避けて読まれるため、〔**書き下し文**〕では「如今は似ず洛陽の時に」と読んでいる。

問五 A・Bともに「君」を送る詩であることに気づけば容易。Aはア「自分の生き方を自問自答して」いる詩ともとれ、また、Bからはオ「都に帰る友に対する羨望」が読みとれなくもないが、設問に「A・B二つの詩に共通する主題」とあるのでエが正解となる。

問六 詩の形式を問う問題。問題4の〔**設問解説**〕参照。Bの詩は四句であるから絶句、Aの詩は六句であるから律詩でも絶句でもなくて古詩である。

入試で形式の問われる詩は、絶句・律詩・古詩だけである。

絶句は四句からなり、押韻などのきまりを持つ。一句が五字のものと、七字のものがあり、それぞれを五言絶句、七言絶句という。

律詩は八句からなり、押韻・対句などのきまりを持つ。一句が五字のものと、七字のものがあり、それぞれを五言律詩、七言律詩という。

古詩は句数が不定で、押韻にも一定のきまりがないが、多くは偶数句末で押韻する。

12 『六一詩話』

▼解答と配点▲

問一　㋑もつ《（っ）》とも　㋺つくる　㋩すなは《（わ）》ち　㊁のみ　（3点×4　12点）

問二　車を借りて家具を載せたが、家具は（用意された）車よりも少なかった。（a2点、b4点　6点）

問三　おかげさまで　暖まることができ、（寒さで）まがった体がまっすぐになりました。（aは「炭をめぐんでくださって」等、感謝の意が出ていれば可。）（a〜d各2点　8点）

問四　白髪　（4点）

問五　④よく　いくばく（なる）　をえん（や）　（a〜c各2点　6点）
⑤そのかんも　また　なんぞ　しのぶ　べけんや
（a・b・d各1点、c2点、e3点　8点）

問六　オ　（6点）

▼本文解説▲

出典は欧陽脩《おうようしゅう》撰『六一詩話《りくいっしわ》』。詩に関する話を記録したもの。欧陽脩は北宋の政治家・文学者。唐宋八大家の一人である。

本文に登場する孟郊《もうこう》・賈島《かとう》はともに中唐の詩人。はじめに、この両詩人が詩人であったがゆえに貧窮のうちに生涯を終えたことを述べ、このような生涯であったからこそ彼らの作る詩が真実に迫りうるものとなったとしている。

▼書き下し文▲

孟郊《まうかう》・賈島《かたう》皆《みな》詩《し》を以《もつ》て窮《きう》して死《し》に至《いた》る。而《しか》して平生《へいぜい》尤《もつと》も自《みづか》ら喜《よろこ》んで窮苦《きうく》の句《く》を為《つく》る。孟《まう》に居《きよ》を移《うつ》すの詩《し》有《あ》りて云《い》ふ、「車《くるま》を借《か》りて家具《かぐ》を載《の》するに、家具《かぐ》車《くるま》よりも少《すくな》し」と。乃《すなは》ち是《こ》れ都《すべ》て一物《いちぶつ》無《な》きのみ。又人《またひと》の炭《すみ》を恵《めぐ》むを謝《しや》するに云《い》ふ、「暖《あたた》め得《え》て曲身《きよくしん》は直身《ちよくしん》と成《な》りぬ」と。人謂《ひとい》へらく、「其《そ》の身《み》備《つぶさ》に之《これ》を嘗《な》むるに非《あら》ずんば、此《こ》の句《く》を道《い》ふこと能《あた》はざるなり」と。賈《か》云《い》ふ、「鬢辺《びんぺん》糸《いと》有《あ》りと雖《いへど》も、寒衣《かんい》を織《お》るに堪《た》へず」と。就令《たと》ひ織《お》り得《う》とも、能《よ》く幾何《いくばく》なるを得《え》ん（や）。又其《またそ》の朝飢《てうき》の詩《し》に云《い》ふ、「坐《ざ》して聞《き》く西床《せいしやう》の琴《きん》、凍《こほ》りて折《を》る両三絃《りやうさんげん》」と。人謂《ひとい》へらく、「其《そ》れ止《た》だに饑《うゑ》を忍《しの》ぶのみならず、其《そ》の寒《かん》も亦何《またなん》ぞ忍《しの》ぶべけんや」と。

▼全文解釈▲

孟郊と賈島はどちらも詩を書いていた（詩人であった）ことで貧窮し生涯を終えた。そして常日頃はとりわけ自分から喜んで窮苦の句をつくった。孟郊に引っ越しの詩があって、「車を借りて家具を載せたが、家具は（用意された）車より少なかった」と言っているが、これは家に家具らしい家具が何ひとつないということである。さらに、ある人が炭をめぐんでくれたことに感謝するという詩に、「（おかげさまで）暖をとることができて（寒さで）

ちぢこまっていた体がまっすぐに伸びました」とある。（この詩を読んだ）人は言う、「その人が自分自身で体験したのでなければ、この句を言うことはできない」と。賈島は（自分の詩で）、「耳もとに白髪があるけれども、（これで）寒さをしのぐ衣服を織ることはできない」と言っている。（白髪では）たとえ織ることができたとしても、一体どれほど織ることができようか。さらに賈島の朝の飢《う》えという詩には、「座って西（部屋）の寝台で琴を聞こうとして（弾いて）みたが、（寒さのため）凍りつき弦が二、三本折れた」とある。（この詩を読んだ）人は言う、「（その詩の境地は）ただ単に飢えをこらえているだけではなく、その寒さもまたこらえられないのだ」と。

▼解釈のポイント▲

皆《みな》　「すべて」の意味だが、ここでは孟郊と賈島の二人について述べているので「どちらも」と訳す。

尤《もつとモ》　「とりわけ」の意味。

為《つくル》　「為」には多様な読みがあるが、ここでは目的語が「窮苦之句」なので、「つくル」と読む。

少《すくなシ》ニ於 車《くるまヨリモ》一　「於」は比較を表す前置詞。「（家具が）車よりも少ない」という意味。

乃《すなはチ》　前後のつながり次第で「そこで・やっと・かえって・なんと」など多様な意味を表す接続詞。ここでは「乃《チ》是《レ》」で「ほかでもなく」の意味。

耳《のみ》　限定の助詞。

謝《しやス》　①礼を言う（感謝）、②わびる（陳謝）、③ことわる（謝絶）、などの意味があるが、ここでは①の意味。

暖《あたたメ》得《えテ》　「暖まることができて」の意味。

非《あらズンバ》ニ——一、不《ず》ニ……（セ）一　「——でなければ、……しない」という意味。「あらズンバ」は「あらザレバ」と読んでもよい。

嘗　①かつテ（過去のある時）、②つねニ（＝常）、③なム（味わう）などの使い方がある。ここでは③の意味。

道《いフ》　「言う」の意味。「報道」の「道」はこの意味。

幾《いく》何《ばく》　「どれくらい・どれほど」の意味。

不《ず》ニ止《ただニ》——而《の》已《みナラ》一　累加形。「ただ単に——だけではない」の意味。「止《タダ》」は「唯」「但」などと同じだが、累加形では「ただニ」と読む点に注意。「而已《のみ》」は「耳」「爾」などに同じ。

亦《また》何《なんゾ》可《べケン》レ忍《しのブ》也《や》　「何《ソ》可《ケン》ニ——一也」は、反語形。この場合の「亦」は反語の強調、また「也」は断定の「なり」ではなく、「や」と読むので注意。「可《ベシ》ニ——（ス）一」はこの場合「——することができる」という意味なので、全体としては「どうして——することができようか、いや——できない」という意味になる。

▼設問解説▲

問一　㋑「もつとモ」は「とりわけ」の意味。㋺「つくル」は「為」の目的語が「窮苦之句」であることに着目すること。

問二　前半部の「借《リテ》レ車《ヲ》載《スルニ》ニ家具《ヲ》一」の解釈は容易であろう。後半部は〔**解釈のポイント**〕参照。

問三　設問に「感謝の意を述べた詩であることを踏まえて」という指示があるので、「炭をめぐんで下さったおかげで」等の言葉を補うこと。「曲身」は「(寒さで) まがった体」。「直身」は「まっすぐな体」。

問四　傍線部の前にある「鬢辺」の〈注〉「耳のあたりの髪の毛」から、「糸」が頭髪を指していることに気づくとよい。「糸」はもともと絹糸(白色)の意味なので「白髪」が正解となる。賈島が寒さと飢えに耐えている姿から、「耳もとに見られる白髪」をイメージしてもらいたい。

問五　④反語形であることに気づくこと。「能」は「よク」。「得《う》」を「えン(ヤ)」とする。「幾何」は「いくばく」。

⑤「亦」は「――モまた」のように読むから、「其寒亦」は「そのかんモまた」となる。「何可――也」は反語形に「可《ベシ》」が加わった形で「なんゾ――(ス)ベケンや」と読む。文末の「也」は断定「なり」ではなく、反語「や」なので要注意。

問六　本文中の「非《ズンバ》其《ノ》身備《つぶさニ》嘗《なムルニ》之《ヲ》、不《ル》能《ハ》道《いフコト》此《ノ》句《ヲ》也」(自分自身で体験したのでなければ、この句を言うことはできない)という一文に気づけば、さほど難しくはないだろう。

13 『貞観政要』貪鄙

▼解答と配点▲

問一　イ　（6点）

問二　(1)（鳥と魚が）人間に捕えられるのは、皆、餌をむさぼり食うために危険なところに出て来るからである。
（a5点、b3点、c2点　10点）

(2)陥其身者、皆為貪財利　（8点）

問三　須下履二忠正一、蹈中公清上。
（一二点2点、上中下点4点　6点）

問四　かのぎよてう（ちよう）と　なにをもつて（つ）　ことならん　や。
（a・e各1点、b・c・d各2点　8点）

問五　高位高禄の者も　財利を貪れば　身を滅ぼすことになるから、あくまでも　忠正と公清の姿勢を貫くべきである。
（48字）　（a～c各4点　12点）

▼本文解説▲

出典は唐の呉兢《ごきょう》著『貞観政要《じょうがんせいよう》』。唐の第二代皇帝太宗《たいそう》（李世民《りせいみん》）と群臣とが政治について論じた言葉を編集したものである。太宗は英明な君主で、賢明な宰相たちの助けで太平の世の中を招いた。太宗の治世を貞観の治という。

本文では、餌をむさぼるがために人に捕えられてしまう鳥魚を例にとり、官吏たるものも財利をむさぼってはならないと説いている。

▼書き下し文▲

唐《たう》の太宗《たいそう》侍臣《じしん》に謂《い》ひて曰《いは》く、「古人《こじん》云《い》ふ、『鳥《とり》は林《はやし》に棲《す》むも、猶《な》ほ其《そ》の高《たか》からざらんことを恐《おそ》れて、復《ま》た木末《もくまつ》に巣《す》くふ。魚《うを》は泉《いづみ》に蔵《かく》るるも、猶《な》ほ其《そ》の深《ふか》からざらんことを恐《おそ》れて、復《ま》た其《そ》の下《した》に窟《くつ》す。然《しか》れども人《ひと》の獲《う》る所《ところ》と為《な》るは、皆餌《みなゑさ》を貪《むさぼ》るに由《よ》るが故《ゆゑ》なり』と。今人臣《いまじんしん》任《にん》を受《う》けて高位《かうゐ》に居《を》り、厚禄《こうろく》を食《は》む。当《まさ》に須《すべか》らく忠正《ちうせい》を履《ふ》み、公清《こうせい》を蹈《ふ》むべし。則《すなは》ち災害《さいがい》無《な》く、長《なが》く富貴《ふうき》を守《まも》らん。古人《こじん》云《い》ふ、『禍福門《くわふくもん》無《な》し、惟《た》だ人《ひと》の招《まね》く所《ところ》』と。然《しか》らば其《そ》の身《み》を陥《おとしい》るるは、皆財利《みなざいり》を貪《むさぼ》るが為《ため》なり。夫《か》の魚鳥《ぎよてう》と何《なに》を以《もつ》て異《こと》ならんや。卿等《けいら》宜《よろ》しく此《こ》の語《ご》を思《おも》ひ、用《もつ》て鑒誡《かんかい》と為《な》すべし」と。

▼全文解釈▲

唐の太宗が左右の臣下たちに言った、「昔の人の言に『鳥は林に住んでいるが、それでもなお住んでいる所が高くないのではないかと不安で、さらに高い木の梢《こずえ》に巣をつくる。魚は泉に隠《かく》れているが、それでもなお隠れている所が深くないのではないかと不安で、さらに深い所に身を沈める。それでも人間に捕えられてしまうのは、皆、餌をむさぼり食う（ために危険な所に出て来る）からである』とある。今、臣下たちは任命を受けて高い地位にあり、多くの俸給を得ている。（そうであるからには）当然まじめで正しい道を歩み、公明で潔白な行動をとるべきである。そうすれば、災いや害を受けることもなく、長く富や地位を守ることができよう。昔の人が言っている、『災難も幸福も決まった入口はない、ただ人が（自分で）招くのだ』と。だとすれば、身を（災禍の中に）陥《おとしい》れるのは、すべて、財物や利益をむさぼろうとするがためである。（そんなことでは）あの魚や鳥とどうして異なろうか。そなたたちはこの言葉を深く味わって、そして戒《いまし》めとするのがよい」と。

▼解釈のポイント▲

猶《なホ》 再読文字としての用法もあるが、ここでは「なホ」とだけ読んで、「それでもなお」の意味。再読文字の場合は「猶《なホ》二《ごとシ》——（スルガ）ノ一」のように使い、「ちょうど——のようだ」の意味。

復《まタ》 「再び」の意味だが、ここでは「さらに」くらいに訳すとよい。

然 ①しかリ……そうである・その通りだ
②しかラバ・しかレバ……そうだとすれば・そうであるから（順接）
③しかレドモ・しかルニ……しかし・そうではあるが（逆接）
問題文二行目の「然」は③の用法。五行目の「然」は②の用法。

為《なル》二**人**ノ**所**《ところト》一レ**獲**《うル》 「為《な》二Aノ所《ところ》一レ□（スル）」は、受身形。Aには動作主、□には動詞が入り、「Aノ□（スル）ところトなル」と読み、「Aに□される」の意味。「為《なル》二人ノ所《ところト》一レ獲《うル》」は「人に捕らえられる」と訳す。

由《よルガ》二——一**故**《ゆゑ》 「由《よル》二——一」は理由をあげる言い方、「故《ゆゑ》」は「理由」の意味で、「——によるため」と訳せばよい。「以《もつテノ》二——一故《ゆゑ》」（——をもつテノゆゑ）も同じ意味。

当《まさニ》 再読文字としての用法もあるが、ここでは「まさニ」とだけ読んで「当然」くらいの意味。再読文字の場合は「当《まさニ》二——（ス）一《ベシ》」のように使い、「当然——すべきだ」の意味。

須 ①すべかラク——（ス）べシ……再読文字で「——しなければならない・する必要がある」の意味。
②もちフ……「用いる・必要とする」の意味。多く否定文に使われる。「不《ず》レ須《もちヒ》二——一」（——する必要はない）
ここでは①の用法。

則《すなはチ》 「そうであるならば」の意味。

与《と》二——一□（ス） 「——と□する」の意味。

夫 ①そレ（そもそも）、②かノ（あの）、③かな（詠嘆の助詞＝「哉《かな》」）。ここでは②の用法。

何《なにヲ》**以**《もつテ》**異**《ことナラン》**哉**《や》 「何《なにヲ》以《もつテ》——（セ）ン哉《や》」は、反語形。「どうして・どのようにして——しようか、いや、しない」の意味。「哉」は「かな」と読んで詠嘆を表すこともあるが、ここでは反語で「や」と読む。
全体としては「どうして異なっていようか、いや同じだ。」と訳す。

卿《けい》 相手に対する敬称で、「そなた・あなた」の意味。

宜《よろシク》二——（ス）一《ベシ》 再読文字で、「——するのがよい」の意味。

> 用《もつテ》 「もちフ」とも読むが、ここでは「もつテ」と読んで「以《もつテ》」に同じ。

▼設問解説▲

問一　まず、空欄を含む一文が前文と対《つい》になっていることに気づく必要がある。前文では、「鳥」が危険から離れようと「高からざらんことを恐れて」、より安全にするために「木末に巣くふ」（さらに高い木の梢《こずえ》に巣をつくる）と言っているので、それに倣って「魚」は水中でどうすればより安全になるかを、「其の下に窟《くつ》す」をヒントに考えればよい。

問二　(1)「為《なル》ニAノ所《ところト》レ□（スル）」（Aに□される）という受身の訳し方に注意すること。

(2)「貪《むさぼル》」という言葉に注意し、意味的に対《つい》になっている箇所に着目すること。

問三　「須《すべかラク》《ベシ》ニ――（ス）一」は再読文字。最後に返読して「ベシ」を読む。「公清を蹈むべし」の部分は一・二点をはさんで返るので上・中・下点を使う。

問四　「与」は「と」と読む。「夫」は名詞「魚鳥」を修飾するので「かノ」と読む。「何 以 ―― 哉」は「なにヲもつテ――（セ）ンや」と読む反語形。「異なる」と「ん」の接続「ことナラン」に注意しよう。

問五　設問は「『人臣』についてどうあるべきだと言っているのか」であるから、古人の言葉を引用した後の「今人臣…」に続く一文「当に須らく忠正を履み、公清を蹈むべし」A が解答箇所になる。なぜそのようにすべきかと言えば、鳥や魚が「皆餌を貪るに由るが故」B に人に捕らえられるように、人も「皆財利を貪るが為」C に身を滅ぼすことになるからである。解答はBCAの順にまとめればよい。

14 韓愈「師説」

▼解答と配点▲

問一 ㋑ゆゑ(え)ん ㋺つひ(い)に ㋩もとより （2点×3 6点）

問二 (1)たれか よく まどひ(い)なから ん（や） （a～d各2点 8点）

(2)だれが 迷わないで いられ ようか（いやだれもが迷うものである。） （a4点、b・c各2点 8点）

問三 自分より先に道を聞き知った 年上の 人。 （a3点、b2点、c1点 6点）

問四 イ （6点）

問五 身分の高い低いに関係なく、年齢の上下に関係なく、 （a・b各3点 6点）

問六 身分や年齢を問わず、己より先に道を学んだ人を先生とすること。（30字） （a4点、b6点 10点）

▼本文解説▲

韓愈《かんゆ》「師説」（『唐宋八家文』）。韓愈は唐の文人。柳宗元《りゅうそうげん》とともに、六朝《りくちょう》時代以来の駢儷文《べんれいぶん》と呼ばれる美文体の文章を批判し、六朝以前の内容を重んずる質実・自由な散文体（古文）を主張し実行した。その文章は、重厚・雄健・明快を特色とする。彼等の古文復興運動は宋代になると、欧陽脩《おうようしゅう》・蘇洵《そじゅん》・蘇軾《そしょく》・蘇轍《そてつ》・王安石《おうあんせき》・曾《そう》鞏《きょう》らによって継承され、古文が文章の主流となった。この韓愈・柳宗元から、曾鞏にいたる八人の名文章家を唐宋八大家と呼ぶ。

本文は、韓愈が弟子の一人に「師道」のあり方を示すために書いた文章の一節。人は迷いを解くために、道を体得した人物を師として学ぶべきであると主張している。

▼書き下し文▲

古《いにしへ》の学者《がくしや》は必《かなら》ず師《し》有《あ》り。師《し》は道《みち》を伝《つた》へ業《げふ》を受《さづ》け惑《まど》ひを解《と》く所以《ゆゑん》なり。人《ひと》生《う》まれながらにして之《これ》を知《し》る者《もの》に非《あら》ず。孰《たれ》か能《よ》く惑《まど》ひ無《な》からん(や)。惑《まど》ひて師《し》に従《したが》はずんば、其《そ》の惑《まど》ひたるや、終《つひ》に解《と》けず。吾《わ》が前《まへ》に生《う》まれて、其《そ》の道《みち》を聞《き》くや、固《もと》より吾《われ》より先《さき》なれば、吾《われ》従《したが》ひて之《これ》を師《し》とす。吾《わ》が後《あと》に生《う》まるとも、其《そ》の道《みち》を聞《き》くや、亦《また》吾《われ》より先《さき》なれば、吾《われ》従《したが》ひて之《これ》を師《し》とす。吾《われ》道《みち》を師《し》とするなり。夫《そ》れ庸《なん》ぞ其《そ》の年《とし》の吾《われ》より先後《せんご》して生《う》まれたるを知《し》らんや。是《こ》の故《ゆゑ》に貴《き》と無《な》く賤《せん》と無《な》く、長《ちやう》と無《な》く少《せう》と無《な》く、道《みち》の存《そん》する所《ところ》は、師《し》の存《そん》する所《ところ》なり。嗟乎《ああ》、師《し》の道《みち》の伝《つた》はらざるや久《ひさ》し。人《ひと》の惑《まど》ひ無《な》からんと欲《ほつ》するや難《かた》いかな。

▼全文解釈▲

昔、学問をする人には必ず師があった。師とは道を伝え、学業を授け、迷いを解いてくれる人である。人間は生まれながらに物事を知っているものではないから、だれが迷わないでいられようか。迷っているのに師につかなければ、その迷いというものは最後まで解けない。私より先に生まれて、道について聞き知ったのが当然のこととして私より先であれば、私はその人に従い師と仰ぐ。私よりも後に生まれても、道について聞き知ったのがやはり私より先であれば、私はその人に従い師と仰ぐのである。私は道を師と仰ぐのである。そもそもどうして相手が自分より先に生まれたか後に生まれたかを知る必要などあろうか。このため、身分が高かろうと低かろうと、年長であろうと若かろうと、道の存在するところが、師の存在するところである。ああ、師について学ぶ正しいあり方が伝わらなくなって、もはや久しい。人々が迷いをなくしたいと思っても、なんとむつかしいことか。

▼解釈のポイント▲

所以《ゆゑん》 ①原因・理由、②方法・手段、などの意味がある。ここでは②の意味。

孰《たれカ》能《よク》――《(セ)ン》 「孰」は疑問・反語の副詞。「だれが」の意味であれば「たれカ」、「どちらが・どれが」の意味であれば「いづレカ」と読む。「能」は「(うまく)できる」の意味。「孰能無惑」は「だれが迷わないでいられようか」という反語の意味で、「たれカよクまどヒなカラン(ヤ)」と読む。

其《そノ》為《たル》惑《まどヒ》也《や》 「為《たり》――」は「――である」の意味、「也」は提示の働きをしており、全体では「その迷いというものは」の意味である。

終《つひニ》 「結局・とうとう」の意味。

固《もとヨリ》 「もともと・いうまでもなく」の意味。

先《さきナレバ》乎《》吾《われヨリ》 比較形。置き字「乎」が比較を表す。「乎」のかわりに「於・于」が用いられても同様。ここでは「(ある人が)私よりも(道を聞き知るのが)先であれば」の意味。

夫《そレ》 「そもそも・いったい」の意味。

庸《なんゾ》知《しラン》其《そノ》年《とし》之《の》先《せん》後《ごシテ》生《うマレタルヲ》於《》吾《われヨリ》乎《や》 「庸《なんゾ》――乎《(セ)ン や》」は反語形。「其年之先後生於吾」は置き字「於」が比較を表す比較形で、「相手が私より先に生まれたか後に生まれたかを」の意味。全体では、「どうして相手が私より先に生まれたか後に生まれたかを知る必要があろうか(、いや知る必要などない)」の意味である。

無《なク》貴《きト》無《なク》賤《せんト》、無《なク》長《ちやうト》無《なク》少《せうト》 「無《なク》A《ト》無《なク》B《ト》」は「AとBとの区別なく皆」の意味。「貴賤」は「身分の高い人と低い人」の意味。「長少」は「年長者と年少者」の意味。したがって、「身分の高い低いに関係なく、年齢の上下に関係なく」の意味である。

嗟《あ》乎《あ》 感動詞。「嗚《あ》呼《あ》・嗟《あ》夫《あ》・噫《ああ》」も同様。

▼設問解説▲

問一 〈解釈のポイント〉参照。

問二 〈解釈のポイント〉でふれたように、「孰」は疑問・反語の副詞であるから、「孰能無惑」は、「だれが迷わないでいられるのか」という疑問の意味か、「だれが迷わないでいられようか、いやだれもが迷うものである」という反語の意味か、そのどちらかである。この直前において、人は生まれつき物事を知っているものではないと述べているのであるから、ここは反語の意味であると判断し、句末を「未然形＋ん（や）」で結ぶことに留意して、「たれかよくまどひなからん（や）」と読まなければならない。もし疑問の意味であれば、「たれかよくまどひなき」と、句末を「連体形」で結ぶ。

問三　指示語は直前の語句や内容を指す場合が多い。この場合も直前の「生《マレテ》乎吾《ガ》前《ニ》、其《ノ》聞《ク》道《ヲ》也、固《ヨリ》先《ナレバ》乎吾《ヨリ》」を指すが、動詞「師《トス》」の目的語であるから、解答は「自分より先に生まれた」、「自分より先に道を聞き知った」という二つの内容を盛り込んだうえで、最後を「人」または「者」で結ぶべきである。

問四　〔**解釈のポイント**〕参照。ただし、「庸《なんゾ》——乎《(セ)ンや》」が反語形であるとわかったとしても、内容をつかみにくい部分である。直前の三文に注目すると、その内容は、「私は道を師とするのであり、年上であればもちろんのこと、年下であっても道を自分より先に聞き知った人であれば、その人を師とする」とまとめることができる。つまり「相手が年上であるか年下であるかは関係ない」ということである。相手の年齢について言及している傍線部も、ほぼ同様の内容である。

問五　〔**解釈のポイント**〕参照。

問六　本文では、人が迷いを解くためには師に従って学ぶことが必要だと主張しているのであるから、ここで言う「師道」とは、「師について学ぶ正しいあり方」のことである。それではどういう「あり方」が「正しいあり方」だと言うのか。まず「無《ク》貴《ト》無《ク》賤《ト》…師之所存《スル》也」という一文がポイントになる。つまり「身分や年齢は問題ではなく、道を体得した人を師とする」ということである。次にその「道を体得した」時機について言えば、「吾が前に生まれ」ようが、「吾が後に生まれ」ようが、「吾より先に道を聞き知った」ことがポイントになる。以上、二点をまとめればよい。

15 『十八史略』

▼解答と配点▲

問一 ㋑みづ《(ず)》から ㋺なんぞ ㋩すすみて ㊁ごとし （3点×4 12点）

問二 イ （6点）

問三 ②遂をして（a） 嚢中に（b） 処るを得（c） しめば（d） （a～d各2点 8点）

③特に（a） 末(の)見は《(わ)》るる（b） のみ（c） に非ず(と)（d） （a～d各2点 8点）

問四 ④おまえは（a） 何者だ。（b） （a・b各2点 4点）

⑤王様の命は（a） 遂(私)の手の内にあります。（b） （a・b各2点 4点）

問五 才能のあるものは自然に頭角をあらわす。(19字) （8点）

▼本文解説▲

『十八史略《じゅうはちしりゃく》』。宋末元初の曾先之《そうせんし》の手になるもので、『史記《しき》』以後の十八の歴史書をもととして四千年にわたる歴史を編年体通史の形に書き改めたものである。つまり、簡便な中国史の入門書であり、かなり広く流布し、日本にも足利時代には伝来していたようである。

本文は、春秋戦国の動乱の過程の記事であり、趙を中心とした動きが述べられている中の一節である。平原君は斉の孟嘗君《もうしょうくん》、楚の春申君《しゅんしんくん》、魏の信陵君《しんりょうくん》らとともに「四君」と呼ばれ、戦国の世にあって食客数千人をかかえた有力貴族の一人であった。当時、趙の宰相の任にあり、秦から攻めたてられたので、楚と同盟して秦に当たることに活路を見いだそうとして楚におもむいたのである。

平原君に従った毛遂は、言わば楚王をドスで脅迫して合従《がっしょう》を成立させたわけだが、一命を賭して主君のために行動する義侠的あり方が示されている。戦国の世に生きた人々がどんな人間関係の中に価値を見い出していたかを知る上での一つの参考資料となるだろう。

▼書き下し文▲

秦《しん》趙《てう》の邯鄲《かんたん》を攻《せ》む。平原君《へいげんくん》救《すくひ》を楚《そ》に求《もと》む。門下《もんか》の文武《ぶんぶ》備具《びぐ》する者《もの》二十人《にじふにん》を択《えら》び、之《これ》と倶《とも》にせんとし、十九人《じふくにん》を得《え》たり。毛遂《もうすい》自《みづか》ら薦《すす》む。平原君《へいげんくん》曰《いは》く、「士《し》の世《よ》に処《を》るは、錐《きり》の嚢中《なうちう》に処《を》るがごとく、其《そ》の末《すゑ》立《た》ちどころに見《あら》はる。今《いま》先生《せんせい》門下《もんか》に処《を》ること三年《さんねん》、未《いま》だ聞《きこ》ゆること有《あ》らず」と。遂《すい》曰《いは》く、「遂《すい》をして嚢中《なうちう》に処《を》るを得《え》しめば、乃《すなは》ち穎脱《えいだつ》して出《い》でん。特《ただ》に末《すゑ》見《あら》はるるのみに非《あら》ず」と。平原君《へいげんくん》乃《すなは》ち以《もつ》て数《すう》に備《そな》ふ。十九人《じふくにん》之《これ》を目笑《もくせう》す。楚《そ》に至《いた》り従《しよう》を定《さだ》めんとするも、決《けつ》せず。毛遂《もうすい》剣《けん》を按《あん》じ歴階《れきかい》し、升《のぼ》りて曰《いは》く、「従《しよう》の利害《りがい》は、両言《りやうげん》にして決《けつ》せんのみ。今《いま》、日《ひ》出《い》でて言《い》ひ、日《ひ》中《ちう》して決《けつ》せざるは、何《なん》ぞや」と。楚王《そわう》怒《いか》り叱《しつ》して曰《いは》く、「胡《なん》ぞ下《くだ》らざる。吾《われ》而《なんぢ》の君《きみ》と言《い》ふ。汝《なんぢ》何為《なんす》る者《もの》ぞ」と。毛遂《もうすい》剣《けん》を按《あん》じて前《すす》みて曰《いは》く、「王《わう》の遂《すい》を叱《しつ》する所以《ゆゑん》は、楚国《そこく》の衆《しう》を以《もつ》てなり。今《いま》十歩《じつぽ》の内《うち》、楚国《そこく》の衆《しう》を恃《たの》むを得《え》ざるなり。王《わう》の命《いのち》は遂《すい》の手《て》に懸《かか》れり。合従《がつしよう》は楚《そ》の為《ため》にして、趙《てう》の為《ため》に非《あら》ざるなり」と。王曰《わういは》く、「唯唯《ゐゐ》、誠《まこと》に先生《せんせい》の言《げん》のごとし。謹《つつし》みて社稷《しやしよく》を奉《ほう》じて以《もつ》て従《したが》はん」と。

▼全文解釈▲

秦が趙の（都）邯鄲を攻めた。（そこで趙の宰相）平原君は、楚に救援を求めようとした。自分の食客の中から文武の才にたけた人物を二十人選んで、その連中と一緒に楚におもむこうとして、十九人まで選びおえた。毛遂が自分で売り込んできた。平原君は言った、「すぐれた人物が世にある場合には、先のとがった錐がふくろの中にあるのと同様に、その刃先（才能）は、すぐに現れ出るものだ。さて今、先生は私の食客としておられること三年、まだ先生の評判を聞いてはいません」と。遂が言った、「私をふくろの中に入れていただければ、錐の先がすっぽりとつき出ることでしょう。（しかも）刃先が現れ出るだけではありません」と。平原君は、そこで毛遂を二十人の中に加えることにした。十九人の他の選ばれた者たちは、毛遂を目で笑った。さて、楚の国にやって来て同盟を結ぼうとしたのだがなかなか決まらなかった。毛遂は剣に手をかけて階段を駆けあがり、言った、「同盟の利害は、（イエスかノーかの）たった二言で決まるはずである。今、日の出に会談がはじまり、正午になっても決まらないというのは、一体どうしてか」と。楚王は怒り叱りつけて言った、「どうして階段をおりないのか。私はおまえの主人と話し合っているのだ。おまえは何者なのだ」と。毛遂は剣に手をかけたまま進み出て言った、「王様が私を叱りとばすのは、楚の国の大軍に依拠してのことでございます。ところが今、十歩の近距離の中では、楚国の大軍をあてにすることはできません。王様の命は、私の手中にあるのです。（そもそも）この同盟は楚の国のために結ばれるものであり、趙の利益のためではございません」と。楚王は言った、「はい、はい、本当に先生のおおせの通りでございます。謹んで楚国を挙げて（先生のお教えに）従いましょう」と。

▼解釈のポイント▲

与《と》レ之《これ》倶《ともニセントス》　「之」は「文武備具《スル》者二十人」を指す。「これら二十人の者たちと一緒に楚へ行こうとした」という意味。

自　①みづからラ（自分で自分を・自分から）、②おのづからラ（自然と）、③よリ（――から）の用法があるが、ここでは①の意味。

若《ごとシ》二――《(スル)ガ》一　「――するようだ」の意味。「若」は「如」に同じ。「――」に名詞が置かれる場合は「――ノごとシ」と読む。

立《たチドコロニ》　「たちまち」の意味。

見《あらハル》　「現」に同じで「出現」の意味。「表現」の意味の場合は「あらハス」と読む。このほか、「見」には「みル」（目に入る・会う）、「まみユ」（お目にかかる）、「る・らル」（――される）の用法がある。

未《いまダ》《ず》レ有《あラ》レ聞《きこユルコト》　「未」は再読文字で、「いまダ――（セ）ず」（まだ――しない）。全体では「まだ（先生の）評判を聞いてない」という意味。

使《しメバ》ニA《ヲシテ》□《(セ)》一 使役形を仮定形として用いる用法で、「もしAが□したら」と訳す。「しメバ」と読むことが重要。

非《あらズ》ニ特《たダニ》――而《の》已《みニ》一 累加形。「ただ単に――だけではない」という意味。累加形の場合、「特」は「たダニ」と読むので要注意。

従《しょう》 合《がっ》従《しょう》連《れん》衡《こう》の「従」であり、「縦」と同義で「たて＝南北」の意であり、南北の国家が同盟することを表す。これに対して「連衡」の「衡」は「横」の意であり東西の国家が同盟することを表す。戦国時代、強国の秦に対して南北の国々が同盟してあたる「合従」策を蘇《そ》秦《しん》が説き、これに対し秦が東西の国家と同盟して他にあたる「連衡」策を張《ちょう》儀《ぎ》が説いた。

両《りやう》言《げん》 「二つの言葉」の意味。ここではイエスかノーで決まるということを表す。

日《ひ》中《ちうス》 「中」は「あたる」であり、「日中」とは南中の意で、太陽が真南に位置する正午を表す。

胡《なんゾ》不《ざル》レ下《くだラ》 疑問形。「胡」は「何」に同じ。「どうして（階段から）おりないのか」という意味。疑問形は連体形で結ぶことに注意。

而《なんぢ》 ここでは「汝《なんぢ》」と同じで「お前」の意味。

何《なん》為《すル》者《ものゾ》 「何者か」の意味。「何為」は、ここでは「者」を修飾している。「なんすレゾ」ではないので注意。

前《すすム》 「進む・前進する」の意味。

▼設問解説▲

問一 （解釈のポイント）参照。

問二 「未」は「いまダ――（セ）ず」と読む再読文字なので、全体では「未《いま》だ聞《きこ》ゆること有らず」という読みになる。ここでの「聞」とは「評判」の意味である。

問三 ②の「使ニA□一」は使役形であるが、ここでは仮定形として用いられているので、「Aヲシテ□(セ)しメバ」と読む。Aにあたるのは「遂」（人名）であるから、まず「遂をして」となる。「得」は「――（スル）ヲう」と読み、可能を表す。「処ニ囊中一」の読みは、本文三行目がヒントとなろう。

③は累加形。「特」は「但」「唯」「惟」「徒」などと同じで「たダ」と読むが、累加形では「たダニ」と読む。「而已」は「耳」「爾」「已」と同じで「のみ」と読む。

問四 ④の「何為」は普通「なんすレゾ」と読み、「どうして・何故」の意味であるが、ここでは直後の「者」を修飾しているので「なんすル」と読む。全体では「何者であるか」の意味である。

⑤の「命」は「使命」などの意味ではなく、文字通り「いのち」の意味。

問五 「囊中之錐《きり》」＝「ふくろの中の錐」は、故事成語として覚えていなくても、それ自体で意味がくみとれるだろう。「錐の刃先はふくろから必ずつき出る＝すぐれた才能は、必ず現れ出るものだ」の意味である。

16 『史記』田単列伝

▼解答と配点▲

問一 a賢人で節義の高い王蠋を b自分の味方にひき入れること。（25字）（a・b各7点 14点）
問二 a已にして b人をして c蠋に謂は（わ） dしめて曰く（a・b各3点、c・d各2点 10点）
問三 オ（8点）
問四 エ（6点）
問五 a生きながらえて義をなくすよりも、 bもちろん煮殺される方がよい。（a・b各6点 12点）

▼本文解説▲

『史記《しき》』は、伝説の太古の時代から紀元前二世紀、前漢武帝の時代までの三千年の歴史を記した書である。著書は司馬遷《しばせん》。友人李陵《りりょう》の匈奴降伏を弁護して武帝の逆鱗に触れ「宮刑」にあうが、その屈辱的体験をバネに百三十巻という大著を著したのである。彼は歴史を個人の生涯の集成と考え、王・侯・家来の三ランクに分けて記述したが、それぞれ本紀・世家・列伝という。後世、この手法を「紀伝体」といい、以後の史書の模範的体裁となる。

本文は、万家の邑《ゆう》（領地）に封じようという侵略軍の破格の招請を拒否して「義」に殉じた王蠋《おうしょく》のエピソードである。

▼書き下し文▲

燕《えん》の初《はじ》めて斉《せい》に入《い》るや、画邑《くわくいふ》の人《ひと》王蠋《わうしよく》の賢《けん》なるを聞《き》き、軍中《ぐんちう》に令《れい》して曰《いは》く、「画邑《くわくいふ》を環《めぐ》ること三十里《さんじふり》には入《い》る無《な》かれ」と。王《わう》蠋《しよく》の故《ゆゑ》を以《もつ》てなり。已《すで》にして人《ひと》をして蠋《しよく》に謂《い》はしめて曰《いは》く、「斉《せい》人多《ひとおほ》く子《し》の義《ぎ》を高《たか》しとす。吾子《われし》を以《もつ》て将《しやう》と為《な》し、子《し》を万家《ばんか》に封《ほう》ぜん」と。蠋固《しよくかた》く謝《しや》す。燕人曰《えんひといは》く、「子《し》聴《き》かずんば、吾三軍《われさんぐん》を引《ひ》きて画邑《くわくいふ》を屠《ほふ》らん」と。王蠋曰《わうしよくいは》く、「忠臣《ちうしん》は二君《にくん》に事《つか》へず、貞女《ていぢよ》は二夫《にふ》を更《あらた》めず。斉王《せいわう》吾《わ》が諫《いさめ》を聴《き》かず、故《ゆゑ》に退《しりぞ》きて野《や》に耕《かう》す。国《くに》既《すで》に破亡《はばう》すれば、吾存《われそん》する能《あた》はず。今又之《いままたこれ》を劫《おびやか》すに兵《へい》を以《もつ》てして君《きみ》が将《しやう》と為《な》るは、是《こ》れ桀《けつ》を助《たす》けて暴《ばう》を為《な》すなり。其《そ》の生《い》きて義《ぎ》無《な》からんよりは、固《もと》より烹《に》らるるに如《し》かず」と。遂《つひ》に其《そ》の頸《くび》を樹枝《じゆし》に経《か》け、自《みづか》ら奮《ふる》ひ脰《くび》を絶《た》ちて死《し》す。

▼全文解釈▲

燕が最初に斉に侵入したとき、画邑の人である王蠋が賢人だということを耳にして、軍中に命令を下して言った、「画邑の周囲三十里以内には入ってはならぬ」と。それは王蠋（が住んでいること）のためである。（燕の将軍は）しばらくすると使者をやって蠋に次のように言わせた、「斉の人々は多くあなたの義を高く評価している。そこで私はあなたを将軍とし、万戸の土地を領地として与えたいと思う」と。しかし王蠋は固辞した。燕の人（＝将軍）は言った、「あなたが聞き入れないならば、私は大軍を率いて画邑の人々を皆殺しにしてくれよう」と。王蠋は言った、「忠臣は二人の君主に仕えないし、貞女は二人と夫を改めたりはしない。斉王は私の諫言（＝忠告）を聞き入れてくれなかったので、（私は朝廷を）退いて野に下った。もはや斉国が滅んでしまったからには、私も生きながらえることはできない。（それなのに）今また兵力で私をおびやかし（その結果、私が）あなた方の将軍となるのは、桀王を助けて暴虐を行う（ような）ものである。生きながらえて義を無くすよりは、もちろん（釜ゆでの刑によって）煮殺される方がよい」と。そして自分の頸《くび》を木の枝にかけ、自ら奮い立って首をはねて死んだのであった。

▼解釈のポイント▲

無《なカレ》二――《(スル)》一　「無」は「莫」「勿」とともに「なシ」と読んで否定を表すが、「――（スル）なカレ」と読んで「――してはいけない」という禁止の意味で使うこともある。

以《もつテナリ》二王《わう》蠋《しよく》之《の》故《ゆゑヲ》一　「以」「故」ともに理由を表して「――なので・――だから」と訳す。ここは「王蠋が住んでいるからである」の意味。

已《すでニシテ》而　「已」一字では「すでニ」と読むが、「已而」は「すでニシテ」と読み、「しばらくして・やがて」の意味である。

使《しメテ》二人《ヲシテ》謂《いハ》レ蠋《しよくニ》一曰《いはク》　「使《しム》二A《ヲシテ》□《(セ)》一」は、「Aに□させる」と訳す使役形。「使」のかわりに「令」が使われることもある。「謂《いヒテ》二――一《ニ》曰《ク》」は「――に対して言う・――と話す」の意味。

子《し》　相手に対する敬称。「あなた」の意味。

以《もつテ》レ子《しヲ》為《なス》レ将《しやうト》　「以《テ》レA《ヲ》為《ス》レB《ト》」は「AをBとする」あるいは「AをBとみなす・思う・考える」と訳す。ここは前者。「あなたを将軍とする」の意味。

封《ほうゼントス》二子《しヲ》万《ばん》家《かニ》一　「封」は、「封鎖」というように「閉じる・閉ざす」の意味もあるが、「封建」というように、「領地や爵位を与える」の意味がある。

謝《しやス》　①「礼を言う（感謝）」、②「わびる（謝罪）」、③「辞退する（謝絶）」などの意味がある。ここは③の意味。

不《ず》レ事《つかへ》二二《に》君《くんニ》一　「事《フ》二――一《ニ》」は、「――に仕える」の意味。

与《よりハ》二其《その》A一、不《ず》レ如《しカ》レB《(スル)ニ》　「A（する）よりは、B（する方）がよい」という比較を表す。「不《ず》レ如《しカ》レB《(スル)ニ》」は「不《ず》レ若《しカ》レB《(スル)ニ》」となることもあり、また「寧《むしロ》B《(セヨ)》」でも同じ。ここは「生きていて『義』をなくすよりは、煮殺される方がよい」の意味。

固《もとヨリ》　「もちろん・もともと」の意味。

▼設問解説▲

問一　理由は直後に「王蠋の故を以てなり」とあるので、王蠋が住んでいたからだとわかる。そして使者を派遣して王蠋に「子を以て将と為し」と伝言させているので、自分の部下にしようという意図をもっていたこともわかる。しかも「万家に封ずる」という破格の待遇を提示している点に注意する必要がある。それは、斉人が王蠋のことを「義が高いとみなしていた」からであり、また「賢人である」という風評を伝え聞いていたためである。したがってポイントは、(a)「義が高く賢人である王蠋を」、(b)「自分の家来にする・味方にする」の二点になる。

問二　「已而」は〈**解釈のポイント**〉参照。「使二人 謂一レ蠋」は使役形。〈**解釈のポイント**〉参照。「謂《い》ふ」は「しむ」という使役の助動詞に接続するので「――謂は（しむ）」となり、さらに「曰《いは》く」が続くので「――謂はしめて曰く」となる。

問三　理由は、本文の後半を占《し》める王蠋の言に尽くされている。まず「忠臣は二君に事へず」という彼の哲学がある。彼は一たび斉の家臣となったからには、「万家に封じ」られようとも、燕の幕下に降《くだ》るわけにはいかないのである。したがって、幕下に降る条件のよさに負担を感じたというアは消去できる。またウ「捕縛されてしまったことを恥じた」、エ「自適の暮らしを送り」は、今述べた哲学に全く触れられていないので、これも消去。本文には「貞女は二夫を更めず」と妻のあり方も述べられているが、これは対句構成上の単なる修辞に過ぎない。したがってイも消去。斉国滅亡の後、自分を「武力」をタテに降そうとする燕に加担するのは、「暴虐であった桀王に手を貸すのと同じこと」であり、「義」という生き方から外《はず》れてしまう、というのが理由であって、オが正解となる。

問四　〈**解釈のポイント**〉にあるように、ここは「仕える」の意。ア・イは「ことがら・ものごと」、ウ・オは「しごと・つとめ」の意。したがって「師として仕える」というエが正解。

問五　〈**解釈のポイント**〉参照。

17 陸深『金台紀聞』

▼解答と配点▲

問一　㋑れて　㋺たまたま　㋩のみ（と）　㊁ために　（2点×4　8点）

問二　ⓐ処方　ⓑ弁別　（4点×2　8点）

問三　a繁盛している南京の医者が、bどんな優れた治療・処方を施しているのかと観察してみたが、c他の医者と何ら違いがなかったから。　（a・b各3点、c4点　10点）

問四　世間での評判と実態とは一致しないものだということ。　（10点）

問五　(1)aよなんぞ　bもつてつつしまざる　cべけんや　（a・c各2点、b3点　7点）

(2)世の人々はよくよく気をつけなくてはならない。　（7点）

▼本文解説▲

『金台紀聞《きんだいきぶん》』。明の陸深の撰。陸深が明朝の中ごろ（十六世紀初頭）、中央政府の役人であった時に、朝廷の故事や友人たちの論談などを書き記した書である。

本文は、患者が戸口にあふれるほどに繁盛していた医者が、実は医学書の字も正しく理解できない無学な者だった、という話である。

▼書き下し文▲

金華《きんくわ》の戴元礼《たいげんれい》は、国初《こくしよ》の名医《めいい》なり。嘗《かつ》て召《め》されて南京《なんきん》に至《いた》り、一医家《いちいか》を見《み》る。迎求《げいきう》するもの戸《と》に溢《あふ》れ、酬応《しうおう》すること間《いとま》あらず。元礼《げんれい》必《かなら》ず術《じゆつ》に深《ふか》き者《もの》ならんと意《おも》ひ、焉《これ》に注目《ちゆうもく》す。方《はう》を按《あん》じ剤《ざい》を発《はつ》すること、皆他異無《みなたいな》し。退《しりぞ》きて之《これ》を怪《あや》しみ、日《ひ》び往《ゆ》きて焉《これ》を観《み》る。偶《たまたま》一人《いちにん》の薬《くすり》を求《もと》むる者《もの》あり、既《すで》に去《さ》る。追《お》ひて之《これ》に告《つ》げて曰《いは》く、「煎《せん》ずる時《とき》に臨《のぞ》みて錫一塊《すずいつくわい》を下《くだ》せ」と。之《これ》に麾《き》して去《さ》る。元礼始《げんれいはじ》め大《おほ》いに之《これ》を異《い》とするも、錫《すず》を以《もつ》て煎《せん》に入《い》るる剤法無《ざいはふな》きを念《おも》ひ、特《とく》に之《これ》に叩《こう》す。答《こた》へて曰《いは》く、「是《こ》れ古《いにしへ》の方《はう》なるのみ」と。元礼其《げんれいそ》の書《しよ》を得《え》んことを求《もと》むれば、乃《すなは》ち餳《たう》の字《じ》なるのみ。元礼急《げんれいいそ》ぎ為《ため》に之《これ》を正《ただ》す。嗚呼《ああ》、餳錫《たうしやく》を弁《べん》ぜずして医者《いしや》なり。世胡《よなん》ぞ以《もつ》て謹《つつし》まざるべけんや。

▼全文解釈▲

金華の戴元礼は明朝のはじめの名医であった。ある時（天子に）召し出され（都の）南京に来た際に、一人の医者が目にとまった。診察してもらおうとする人が戸口にあふれ、医者は休む暇もなく応対していた。元礼はきっと医術に優れた者だろうと思って、注目した。（ところが）処方を考え薬を出すのに、まったく他の医者と異なっている点はない。（元礼は）引き返しながら不思議に思い、毎日医者を観察しにでかけた。たまたま薬をもらいに来た人がいて、帰っていった。医者は（その人を）追いかけて行き、言った、「薬を煎じる時に、錫《すず》をひとかたまり入れなさい」と。そう指図して立ち去った。元礼は、はじめはたいへん変った処方だと思ったが、煎じ薬に錫を入れる処方などはないと思い、わざわざ医者に尋ねてみた。（医者は）答えて言った、「これは古来の処方ですよ」と。元礼がその処方が書いてある書物を見せてもらったところ、なんと「餳（あめ）」の字であった。元礼は急いで医者のために誤りを正したのであった。ああ、「餳」と「錫」の字の区別もつかないのに医者をしているのだ。世の人は気をつけないでよかろうか。

▼解釈のポイント▲

嘗《かつテ》　「過去のある時」の意味。他に「なム（なめる）」と読む動詞の使い方がある。

被《る》レ召《めサ》　「被」は、①ふとん、②覆う、③こうむる・受ける、などの意味があるが、直後に動詞を伴うと、「見」と同様に「――される」という受身の意味を表して「る・らル」と読む。

注ニ目《ス》焉《これニ》一　句末に置かれた「焉」は、置き字として読まない場合が多いが、「於此・於是」の二字と同じ働きをする場合がある。その場合「これニ・これヨリ・これヲ」などと読む。ここでは後者。また「いづくんぞ」（どうして）と読む疑問・反語としての用法もある。

皆《みな》無《なシ》ニ他《た》異《い》一　「皆無ニ――一」は「まったく――がない」、「他異」は「ほかのものとの違い」の意味。全体では「まったく他の医者との違いがない」の意味である。

偶《たまたま》　「偶然に」の意味。

爾　①なんぢ（＝汝）、②しかリ（＝然）、③のみ（＝耳）などの読みがあるが、ここでは③の意味。

乃《すなはチ》　「それで・そして」、「やっと」などの意味をもつが、予想外の意を表して「なんと」という強調の意味で使われることも多い。ここでの使い方も強調である。

耳《のみ》　「――だけ」という限定の意味、「――にほかならない」という強意の意味を持つ。ここでは後者の意味。

為《ためニ》　①なル、②なス、③たリ、④ためニ、⑤つくル（＝作）、⑥をさム（＝治）、などの読みがある。傍線部のように下から返読しない場合は、多く「ために」と読む。（→1〈解釈のポイント〉参照）

嗚《あ》呼《あ》　詠嘆の意を表す。

胡《なんゾ》可《べケン》ニ――一哉《や》　「胡」は「何」と同じ用法で「なんゾ」と読み「どうして」の意味。疑問または反語の意を表す。「胡可ニ――一哉」は、疑問だと「なんゾ――べキや」、反語だと「なんゾ――ベケンや」と読む。

▼設問解説▲

問一　〈解釈のポイント〉参照。㋑「被」は、四段活用の動詞「召す」から返るので「る」と読むが、「被レ召至《リ》ニ南京《ニ》一」とあって「（天子に）召し出されて南京に至り」の意味なので、「被」

召」では「る」を連用形に活用させ、助詞「て」を付けて「めされて」と読む。

問二 漢字の意味を考える場合は、熟語を作ってみるのも一つの方法である。

ⓐ「方」は、名詞として、①方法、②方角・方向、③地方（場所）、④四方形、⑤処方（薬の調合）などの意味がある。ここは医者が「発《ス》㆑剤《ヲ》（薬を出す）」場面であるから、⑤の「処方」が適当であろう。

ⓑ「弁」は、①かんむりの意味だが、旧字「辯」「辨」「瓣」のかわりに用いる。「辯」は、②説く（弁舌）、③論争する（弁論）などの意味、「辨」は、④区別する（弁別）、⑤わきまえる・処理する（思弁）などの意味、「瓣」は、⑥「うりの果肉」、⑦花びら（花弁）などの意味がある。ここは、漢字の「錫」と「鍚」の区別もつかない医者の話であるから、④の意味で「弁別」が正解。

問三 指示語「之」は、一般的に前に述べられている内容を指し示すが、ここでも傍線部の直前にある「按《あんジ》㆑方《ヲ》発《スルコト》㆑剤《ヲ》、皆無《シ》㆓他異㆒（処方を考え薬を出すのに、まったく他の医者と異なっている点はない）」を指している。これは、要するに南京の町医者が「ごく一般的な治療を行っていた」ということである。戴元礼がそれを怪しんだのは、もちろん、南京の医者が、「迎求《スルモノ》溢《あふレ》㆑戸《ニ》、酬応《スルコト》不㆑間《いとまアラ》（診察してもらおうとする人が戸口にあふれ、医者は休む暇もなく応対していた）」ので、「意《おもヒ》㆘必《ズ》深《キ》㆓于術《ニ》㆒者《ナラント》㆖（きっと医術に優れた者だろうと思っ）」ていたからである。これらの内容をまとめればよいだろう。

問四 「結局どのようなことを言おうとしているのか」という問いなので、一般化して考えてみよう。まず傍線部を訳してみると、「ああ、錫と鍚の字の区別もつかないのに医者をしているのだ」となる。当の医者は、患者が戸口にあふれるほどに繁盛していた、つまり「評判の高い」医者だったのである。ところが、その実態たるや字の区別もつかないほど無学だったというのである。次に、傍線部の直後には「世の人は気をつけないでよかろうか」と警告を発しているのに注目しよう。どのような事柄に対して「気をつけろ」と言っているのかと考えると、この医者のように「高い評判」を獲得していても「実態は」ひどいものである、ということであろう。

解答は、「高い評判を得ていても実態はひどいことが多いものだ」とか、「世間での評判と実態とは一致しないものだ」などと、「評判・世間の評価」と「実態・本当の力量」との不一致という内容をまとめればよい。

問五 〔**解釈のポイント**〕参照。

(1) 「弗」は「不」と同じ用法で「ず」と読む。したがって「可㆓以弗㆒㆑謹」では「もってつつしまざるべし」となる。「胡――哉」は疑問または反語であるが、訳してみると「気をつけなくてよいのですか」の疑問よりも、「気をつけなくてよいであろうか、（いや気をつけなくてはならない）」の反語の方が適当とわかるであろう。したがって全体では「よなんぞもってつつしまざるべけんや」と読むのが正解。

⑵「世」は、「世間」「世の人々」の意味。したがって、「世の人々は（どうして気をつけなくてよいであろうか、いや）気をつけなくてはならない。」となる。（ ）の中の訳語は「平易な現代語に訳せ」という要求を考慮すると、省略した方がよいであろう。

18 起北斎『繍谷春容』

▼解答と配点▲

問一 ⑴五言絶句 ⑵閑・間 （3点×2 6点）

問二 ㋑はなはだ ㋺かつて ㋩いかん(と) ㋥よりて(よつて) （2点×4 8点）

問三 ⑴安んぞ敢へて復た望まん(や)。（a・b各4点 8点）

⑵韓泳さまの家に居候している貧乏書生の私は、とても韓夫人との結婚を望むことなどできません。（a・c各2点、b・d各3点 10点）

問四 ⑴わたしたちの結婚は、決して偶然のものではない。きっとあらかじめ定められていたに違いない。（a2点、b・c各3点 8点）

⑵二人の結婚は、それぞれが詩を書いた紅葉が相手の手に渡り、それが二人を結びつけたということ。（a2点、b・c各4点 10点）

▼本文解説▲

『繍谷春容《しゅうこくしゅんよう》』は明《みん》の起北斎《きほくさい》の編集による通俗小説を集めたもの。

後宮は妃《きさき》や皇帝に仕える女官などが暮らす宮殿で、そこに入った宮女は外に出ることも外の社会との交際も認められてはいなかった。それ故に宮女は俗世間に思いを馳せ、男性との交際を望んだ。そこで胸の思いを記したものが男性の手に渡る方法を考えた。兵士に与えられる衣服を縫うときに手紙を忍ばせたり、宮殿から流れ出る小川に詩を記した木の葉を流したりしたという。皇帝の側に仕えるという幸せな境遇を得ながら宮殿に閉じ込められ、男性との交際も禁じられた宮女の強い願望と願望をかなえる手立てが人々の興味を駆り立てたのであろう、そのような話が幾つも語り伝えられている。

▼書き下し文▲

唐《たう》の僖宗《きそう》の時《とき》、于《う》祐《いう》晩《くれ》に禁渠《きんきよ》を歩《ある》き、一紅葉《いちこうえふ》を得《え》たり。上《うへ》に詩《し》有《あ》りて云《い》ふ、

流水《りうすい》何《なん》ぞ太《はなは》だ急《きふ》なる　深宮《しんきう》尽日《じんじつ》閑《しづ》かなり
慇懃《ねんごろ》に紅葉《こうえふ》に謝《しや》す　好《よ》し去《さ》れ人間《じんかん》に到《いた》れと

祐《いう》復《ま》た葉《は》に題《だい》して云《い》ふ、

曾《かつ》て聞《き》く葉《えふ》上《じやう》に紅怨《こうゑん》を題《だい》するを
葉上《えふじやう》に詩《し》を題《だい》して阿誰《たれ》にか寄《よ》せんとすると

流《なが》れて宮中《きうちう》に入《い》らしむ。祐《いう》後《のち》に中貴人《ちうきじん》韓泳《かんえい》の門館《もんくわん》に倚《よ》る。泳《えい》曰《いは》く、「韓夫人《かんふじん》は久《ひさ》しく宮中《きうちう》に在《あ》りて、今《いま》禁庭《きんてい》を出《い》づ。子《し》に聘《へい》せしむるは何如《いかん》」と。祐《いう》曰《いは》く、「窮困《きうこん》の書生《しよせい》、門下《もんか》に寄食《きしよく》すれば、安《いづく》んぞ敢《あ》へて復《ま》た望《のぞ》まん」と。泳《えい》乃《すなは》ち人《ひと》をして媒酌《ばいしやく》を通《つう》じ、二姓《にせい》の好《よしみ》を交《かは》さしむ。韓氏《かんし》笥中《しちう》に于《お》いて葉《は》を見《み》、大《おほ》いに驚《おどろ》きて曰《いは》く、「此《こ》れ吾《われ》の作《つく》る所《ところ》なり。吾《われ》水中《すいちう》に于《お》いて、亦《ま》た紅葉《こうえふ》を得《え》たり」と。即《すなは》ち祐《いう》の題《だい》する所《ところ》なり。相対《あひたい》し泣《な》きて曰《いは》く、「事《こと》豈《あ》に偶然《ぐうぜん》ならん。前《さき》に定《さだ》まれるに非《あら》ざるは莫《な》し」と。因《よ》りて感懐《かんくわい》の詩《し》を作《つく》る、

一聯《いちれん》の佳句《かく》流水《りうすい》に随《まか》せ　十載《じつさい》の幽思《いうし》素懐《そくわい》に満《み》つ
今日《こんにち》却《かへ》つて鸞鳳《らんほう》の友《とも》と成《な》り　方《まさ》に知《し》る紅葉《こうえふ》は是《こ》れ良媒《りやうばい》なるを

▼全文解釈▲

唐の僖宗皇帝の時代に、于祐が夕暮れ時に宮中の庭園から流れ出る小川のほとりを歩いていて、(流れてきた) 一枚の紅葉を見つけた。葉の上には詩が書いてあり、それには、

小川の水の流れはなんと急なのでしょう
後宮は一日中静かです
ねんごろに紅葉に感謝しましょう
お元気で、流れて行って世間に暮らす人の手に渡りますように

祐は葉に詩を書いた、

後宮の女性は木の葉に切ない思いを書くものだと聞きました
葉に詩を書いて誰に送ろうというのでしょう

その葉を宮中に入っていく小川に流した。その後、祐は中貴人の韓泳の門下に食客として身を寄せていた。泳が言うには、「韓夫人は長い間後宮におられたが、今、後宮から(解放されて世間に)出てこられることになった。そなたに妻として迎えさせようと思うが、どうだろうか」と。祐が言った、「貧乏書生の私は、あなた様の門下に居候している身です、どうして結婚を望めましょうか」と。泳はそこで人に言いつけて媒酌させ、二人が結婚して韓氏の家と于氏の家とが親しくなるようにさせた。韓夫人は竹製の箱の中に葉があるのを見つけ、たいそう驚いて言った、「これ（＝

葉に書かれた詩）は私が作ったものです。私も小川の中で、紅葉を見つけたのですよ」と。それ（＝紅葉に書かれた詩）は祐が書いたものであった。二人は向かい合い涙を流して言った、「私たちが結婚することになったのは決して偶然ではない。きっとあらかじめ運命によって定められていたに違いない」と。そこで感懐（心中の思い）の詩を作った、

一聯の素晴らしい句を（葉に書いて）小川に流し
そこには十年の間、心の奥に秘めていた思いを書き記しました
今二人は仲のよい夫婦となり
はじめて知りました、詩を書いた紅葉が優れた仲人であったことを

▼解釈のポイント▲

何《なんゾ》太《はなはダ》急《きふナル》 「何ぞ」は「どうして」の意味で、疑問・反語で用いるが、「急なり」のような形容動詞や形容詞などで結ぶ場合は、詠嘆の意味を表して「なんと（――なことよ）」などと訳す。「太《ダ》」は「甚だ」と同じく「非常に・たいそう」の意味。

人《じん》間《かん》 「世間・世の中」の意味。

曾《かつテ》 「嘗《テ》」と同じく「以前に」の意味。

寄《よセントスル》二阿《た》誰《れニカ》一 「阿誰」は「誰」と同意で「阿《た》誰《れニカ》」は「誰に」の意味。

使《しム》レ聘《へいセ》レ子《しニ》 「使《ム》二A《ヲシテ》□《(セ)》一」は使役形で「Aに□させる」の意味。「子」は「あなた」の意味。Aに相当する「韓夫人」が省略されている。

何如《いかん》 「どのようであるのか」と状態を問うが、相手の意向を問う場合にも用いる。

安《いづくンゾ》敢《あヘテ》復《まタ》望《のぞマン》 「安」は、疑問・反語を表して、「どうして」の意味では「いづくンゾ」、「どこに」の意味では「いづクニカ」と読む。「敢」は「あヘテ」と読んで「強いて・進んで」の意味を添える。「安敢――」は通常反語の意味で「いづくンゾあヘテ――ン（や）」と読んで、「どうして進んで――しようか」などと訳す。「復《タ》」は、通常繰り返しを表して「もう一度」と訳すが、ここは反語を強調する働きで訳さない。

乃《すなはチ》 「そこで」の意味。

令《しム》下人《ひとヲシテ》通《つうジ》二媒《ばい》酌《しやくヲ》一、交《かはサ》中二《に》姓《せい》之《の》好《よしみヲ》上 「令《ム》二A《ヲシテ》□《(セ)》一」は使役形で「Aに□させる」の意味。

即《すなはチ》 「ただちに・すぐに」や「つまり・とりもなおさず」の意味。ここは後者。

豈《あニ》偶《ぐう》然《ぜんナラン》 「豈に――（セ）ン（ヤ）」は反語。

莫《なシ》レ非《あらザルハ》二前《さきニ》定《さだマレルニ》一 「莫《シ》レ非《ザルハ》二――一」は二重否定で、「――でないものはない・すべて――だ」の意味。

因《よりテ》 「よツテ」とも読み、「それで・そこで」の意味。

方《まさニ》 「ちょうど・いまやっと」の意味。

▼設問解説▲

問一　漢詩の詩型と押韻の問題。（→[4]〔**設問解説**〕参照）

問二　〔**解釈のポイント**〕参照。

問三　(1)「安敢復——」は〔**解釈のポイント**〕参照。反語であるから、句末を「望む」の未然形「望ま」に「ん（や）」を加えることになる。

(2)これも〔**解釈のポイント**〕を参照すると、「どうして進んで望むであろうか（望みはしない）」の訳となる。あとは、「誰が」・「何を」・「なぜ」などを明示すればよい。ここは話し手の于祐が自分の考えを述べている箇所なので、「私」が主語になる。「何を」望まないのかについては、直前に韓泳が韓夫人との結婚を勧めているので、「韓夫人との結婚を望まない」ことになる。「なぜ」についてでは、于祐は自身を「窮困（＝貧乏）」であり、韓泳に「寄食（＝居候）」している身だと語っている。つまり後宮で高い地位にあった女性を養うような身の上ではないと言うのである。解答はこれらの点をまとめればよい。

問四　(1)「豈《あニ》——ン」は反語であるから、「どうして偶然であろうか（偶然ではない）」となる。「前に定まれる」は「前から決まっていた」であるから、「莫《シ》レ非《ザルハ》二——一」の意味「すべて——だ」を加えると「すべて前から決まっていた」となる。「前から決まっていた」のは、もちろん二人の結婚である。

(2)傍線部の前には、それぞれが詩を書いて小川に流した紅葉が相手の手に渡っていたことに気づき、「大いに驚いた」とある。また直後に詠んだ感懐詩の第四句に「はじめて知りました、詩を書いた紅葉が優れた仲人であったことを」とあるように、韓泳が仲を取り持つよりも前に、自分の思いを書き記した紅葉が二人を結びつける不思議な力を持っていたことに驚いたというのである。

19 蘇軾「記先夫人不残鳥雀」

▼解答と配点▲

問一　㋑にくむ　㋺これによりて　（3点×2　6点）

問二　ⓐこの上なく　ⓑ他に理由はない　（3点×2　6点）

問三　皆巣㆓於低枝㆒、其鷇可㆓俯而窺㆒也　（6点）

問四　異類に　信ぜらるるなり。（信ぜらる）　（a・b各4点　8点）

問五　雛が　蛇や鼠や狐や狸や猛禽類に食い殺されるという心配。　（a4点、b5点　9点）

問六　昔鳥や雀が巣を作る時に、人に近づこうとしなかった理由は、人の害を蛇や鼠などの害よりもひどいと思ったからである。　（a3点、b4点、c5点、d3点　15点）

▼本文解説▲

蘇軾《そしょく》「記先夫人不残鳥雀」（先夫人鳥雀を残《そこな》はざるに記す）。『蘇軾文集』巻七十三「雑記」所収。題名の「鳥雀を残《そこな》はざる」の「残」とは、「残酷」の意味であり、「鳥や雀などの小鳥に残酷な（殺す）ことをしなかった」の意味。蘇軾は、宋の文人。「唐宋八大家」の一人として知られる。「唐宋八大家」は、問題14（**本文解説**）参照。

本文は、「殺生を悪《にく》む」筆者の母親が、一族の者や召使いに「鳥雀の捕取」を禁じて以来、多くの鳥たちが低木の上に巣を作り、その雛《ひな》を誰もが上から覗《のぞ》き見ることができるようになったという話である。鳥たちから見ると、自分たちを「捕取」しない人間は、自分たちを捕食する猛禽類よりも安全な存在ということになる。それは、「民衆にとって『重税・徴兵・労役』を課す為政者は、人食い虎よりも危険な存在である」という孔子の言葉を思い起こさせる。そこで筆者は、「苛政は虎よりも猛なりとは、信なるかな」と総括したのである。

▼書き下し文▲

吾昔少年《われむかしせうねん》の時《とき》、居《を》る所《ところ》の書室《しよしつ》の前《まへ》に、竹柏雑花《ちくはくざつくわ》の叢生《そうせい》して庭《には》に満《み》つる有《あ》り。衆鳥其《しうてうそ》の上《うへ》に巣《す》くふ。武陽君《ぶやうくん》殺生《せつしやう》を悪《にく》む。児童《じどう》婢僕《ひぼく》、皆鳥雀《みなてうじやく》を捕取《ほしゆ》するを得《え》ず。数年《すうねん》の間《あひだ》、皆低枝《みなていし》に巣《す》くへば、其《そ》の鷇《ひな》は俯《ふ》して窺《うかが》ふべきなり。又桐花鳳四五《またどうくわほうしご》有《あ》りて、日日《ひび》に其《そ》の間《かん》に翔《かけ》り集《あつ》まる。此《こ》の鳥《とり》は羽毛至《うもういた》つて珍異《ちんい》にして見難《みがた》しと為《な》す。而《しか》るに能《よ》く馴擾《じゆんぜう》し、殊《こと》に人《ひと》を畏《おそ》れず。閭里《りより》の間之《かんこれ》を見《み》て、以《もつ》て異事《いじ》と為《な》す。此《こ》れ他無《たな》し。不忮《ふし》の誠《まこと》、異類《いるい》に信《しん》ぜらるるなり。野老《やらうあ》有りて言《い》ふ、「鳥雀巣《てうじやくす》くふに、人《ひと》を去《さ》ること太《はなは》だ遠《とほ》ければ、則《すなは》ち其《そ》の子蛇鼠狐狸鴟鳶《こだそこりしえん》の憂《うれ》ひ有《あ》り。人既《ひとすで》に殺《ころ》さざれば、則《すなは》ち自《みづか》ら人《ひと》に近《ちか》づくは、此《こ》の患《うれ》ひを免《まぬか》れんと欲《ほつ》すればなり」と。是《これ》に由《よ》りて之《これ》を観《み》れば、異時鳥雀巣《いじてうじやくす》くふに、敢《あ》へて人《ひと》に近《ちか》づかざるは、人《ひと》を以《もつ》て蛇鼠《だそ》の類《たぐひ》よりも甚《はなは》だしと為《な》せばなり。苛政《かせい》は虎《とら》よりも猛《まう》なりとは、信《まこと》なるかな。

▼全文解釈▲

私が若かった頃、住んでいた家の書斎の前に、竹や柏《はく》（コノテガシワ）や野草が庭いっぱいに生い茂っていた。（そして）多くの鳥たちがその上に巣を作っていた。（私の母）武陽君は殺生を嫌っていた。（だから）子供たちや召使いは、誰も鳥や雀を捕獲することができなかった。（すると）数年の間に、（鳥たちは）皆低い枝に巣を作るようになったので、鳥たちが生んだ雛は（私たちが）うつむいて（その様子を）窺うことができたのである。さらに桐花鳳が四五羽毎日飛来して、庭のあたりを翔《か》けめぐった。この鳥は羽毛がこの上なく珍しく目にすることが難しいと思われていた。ところがよく人に懐き、まったく人を恐れなかった。村里の人々はこれを見て、珍しいことだと思った。これは他でもない。（鳥たちに）危害を加えないという誠実さが、鳥たちに信用されたのである。田舎の老人が言うには、「鳥や雀が人から遠く離れたところに巣を作ると、雛が蛇や鼠、狐や狸、猛禽類に食い殺されるという心配がある。（しかし）人が（鳥たちを）殺さないと、（鳥たちが）自分から人に近づいてくるのは、この心配を免れたいからなのです」と。このことから考えると、昔鳥や雀が巣を作る時に、人に近づこうとしなかったのは、人の害を蛇や鼠などの害よりもひどいと思ったからである。

（かつて孔子が泰山の麓《ふもと》で出会った婦人は「舅、夫、そして子供までが虎に殺されましたが、この村には厳しい政治がないので引っ越さないのです」と言った。そこで孔子が弟子たちに述べた言葉）「厳しい政治は、虎よりも惨《むご》いのである」というのは、（人が鳥たちに危害を加えなければ、鳥たちは人を畏れないように）真実であるなあ（と思う）。

▼解釈のポイント▲

所《ところノ》二―《スル》一○　―する○。―は動詞。直後の○を連体修飾する用法。

悪　①あシ・わるシ……悪い（悪《アク》事・善悪《アク》）
②にくム……嫌う（憎悪ヲ）
ここでは②の用法。

皆《みな》　「すべて」の意味。「尽《ことごとク》」も同じ意味。

不《ず》レ**得**《え》二―《スル》一ヲ　「―できない」の意味。「得《う》二―《スル》一ヲ」は、「―できる」と訳す。

可《べシ》二―《ス》一　「―できる」、「―するのがよい・してもよい」の意味。

又《また》　「さらに・そのうえ」の意味。「且《かツ》」も同じ意味。

至《いたツテ》　「この上なく」の意味。

為　①（と）なル……（に）なる
②（と）なス……（と）みなす・思う
③（を）なス……（を）する・行う
④（を）つくル……（を）作る
⑤（を）をさム……（を）治める
⑥（の・が）ためニ……（の）ために・（の）故に

ここでは②の用法。

而《しかルニ》　文頭に置かれて「ところが・しかし」の意味。「而《しかう》して・而《しか》して」と読むと「そして」の意味になる。なお、文中に置かれた場合は置き字として読まないことが多い。

能《よク》——《(ス)》　「——できる」の意味。否定「——できない」は、「不《ず》能《あたハ》——《(スル)(コト)》」である。

殊《ことニ》　「とりわけ」の意味であるが、ここでは否定詞の前に置かれ「まったく」と否定を強調する用法。

無《なシ》他《た》　「他《ほか》に理由はない」の意味。現代口語の「ほかでもない・ほかならぬ」に近い。

□於——《ニ・ヨリ・ヨリモ・ヲ》　前置詞の「於」は、「於《イテ》是《ここニ》」のように返読する場合は「おイテ」と読むが、動詞などの後ろに置かれる場合は読まない置き字となり、直後の語句に「ニ・ヨリ・ヨリモ・ヲ」の送り仮名を付ける。時間や場所、対象・条件・理由などを表し、句形としては、受身形（□は動詞）、比較形（□は形容詞や形容動詞）を表すことがある。

信《ゼラルル》於異類也　ここでは「信」が「信用する」の意味の動詞であり、「異類に信用される」で文意が通じるので、「於」は前述の受身形の用法である。

太《はなはダ》　「非常に・たいそう」の意味。

則《すなはチ》　「則《すなはチ》」は、直前句が「仮定条件・確定条件」である時は、「——《バ》則《すなはチ》」という形式になり、「条件・原因・理由」などを表す。これを「レバ則《そく》」という。また、直前句が「主語」などである時は、「——《ハ》則《すなはチ》」という形式になる。

既《すでニ》　「もうすでに（——した）・（——）してしまう」の意味。（↓5〈解釈のポイント〉参照）

自《みづかラ》　「自分で・自分に・自分を」の意味。「自《おのづかラ》」は、「自然と・当然」の意味。

——者《は》　「——するのは・——する場合は」の意味。（↓2〈解釈のポイント〉参照）

欲《ほつス》——《(セ)ント》　「——したいと思う・——しようとする」の意味。

患《うれヒ》　「悩み・心配」の意味。動詞は「患《うれ》ふ」である。

由《よリテ》是《これニ》　「このことから」の意味。「由《リテ》是《ニ》観《レバ》之《ヲ》」は「以《テ》是《ヲ》観《レバ》之《ヲ》」と同じで、慣用句として「このことから考えると」と訳す。

異時《いじ》　「異日」と同じで、①先日・昔、②後日・将来、の意味。ここでは①の意味。

不《ず》敢《あヘテ》——《(セ)》　「進んでは——しない・どうしても——しない」の意味。

以《もつテ》A為《なス》B《ト》　「AをBだとみなす・AをBだと思う」あるいは「AをBとする」と訳す。ここは前者。

猛《ナリ》於虎《ヨリモ》　「A《ハ》□《(ナリ)》於B《ヨリモ》」は「AはBよりも□である」という意味の比較形。□には形容詞、あるいは形容動詞が入る。

——哉《(ナル)かな》　「——であるなあ」という意味の詠嘆形。

▼設問解説▲

問一　〈解釈のポイント〉参照。

問二　〈解釈のポイント〉参照。

問三　**〔解釈のポイント〕**参照。「於」の直前の字に注目する。「巣」は名詞であるが、前の行に「巣《クウ》二其《ノ》上《ニ》一」とあり、「巣くふ」と動詞で読んでいる。それを参考にして、ここも「低い枝に巣を作る」の意味で、「巣二於低枝一」と返り点を付ける。「其鷇《ひな》可俯而窺也」の「其の鷇」は、「巣」の中にいる「雛鳥」である。「可俯而窺也」は、それについての叙述である。「可」は、**〔解釈のポイント〕**で示したように、直後の動詞句に「――できる・――してもよい」などの意味を添える。「而」は、**〔解釈のポイント〕**で示したように、文中では置き字となり接続詞の働きをする。そこで「俯而窺」は、「うつむいて（様子を）のぞき見る」という一連の動作だと考えられる。したがって、「可二俯而窺一也」となる。

問四　**〔解釈のポイント〕**参照。ここは普段目にすることのない「桐花鳳」が飛来するまでになった理由について述べた箇所である。「異類」は、その「桐花鳳」をはじめとする鳥たちを指しているので、「不《ふ》忮《し》之誠、信二於異類一也」は、「（人が）危害を加えないという誠実さが、異類に信じられる」という受身形になることがわかるだろう。現代口語「信じる」は、古典では「信ず」というサ変動詞となることに注意。助動詞「る・らる」の接続、「也《なり》」の接続も大切である。なお、「也」を置き字として解答することもできる。

問五　傍線部を含む一文は、「人が（鳥を）殺さなければ、鳥たちが自分から人に近づいてくるのは、この心配を免れたいからなのです」を解釈できる。これは「鳥たちが人から遠ざかると、この心配が実現する」ことになる。したがって、「鳥たちの心配」の内容は、「鳥たちが人から遠ざかる」場合を考えることになり、「野老」の言葉の冒頭の「人を去ること太だ遠ければ、則ち其の子蛇鼠狐狸鴟鳶の憂ひ有り」という一文の後半部分が解答箇所になる。「雛鳥の蛇鼠狐狸鴟鳶の憂ひ」が答えであるが、「憂い」とは「雛鳥」と猛禽類の関係を考えると、「捕食される憂い」と補う必要がある。

問六　**〔解釈のポイント〕**に示したように、「異時」とは、ここでは「昔」の意味である。「不《ル》二敢《ヘテ》近《ヅカ》一レ人《ニ》」を**〔解釈のポイント〕**に従って訳出すると、「人に近づこうとしない」となる。「以《テ》レ人《ヲ》為《セバ》レ甚《ダシト》二於蛇鼠之類《ヨリモ》一也」は、「以《テ》レA《ヲ》為《ス》レB《ト》」という句法と、比較形「□《（ナリ）》二於B《ヨリモ》一」が使われていることに着目すること。訳文は「人を蛇や鼠などよりもひどいと思う」となる。「人」と「蛇や鼠」の何を比較しているかというと、「（鳥や雀に加える）危害」である。以上、時制を加味して過去形でまとめるとよい。

20 『孟子』梁恵王下

▼解答と配点▲

問一　①これあ（るか／りや）（と）　③たみなほ（お）もつ（っ）てだいとなすは、なんぞや（と）　（5点×2　10点）

問二　②a文王の狩場は　bそんなにも広大であったのか。　（a2点、b5点　7点）
④a民が文王の狩場を小さいと思ったのは、bなんともっともなことではありませんか。　（a3点、b4点　7点）

問三　之罪　（6点）

問四　宣王の四十里四方の狩場で麋鹿を殺すと、殺人と同じ罪に問われること。　（10点）

問五　文王の狩場は文王の独占物ではなく、草刈り・木こりや猟師も自由に利用できる人民との共有物であったから。（50字）　（10点）

▼本文解説▲

孟子《もうし》は、戦国時代の鄒《すう》の国に生まれ、孔子の孫子思《しし》に学んだとされる儒家の思想家である。

戦国時代には、孟子をはじめとする数多くの思想家（諸子百家と言われる）が活躍した。彼らは、自らの思想を語るために、また敵とみなした思想を攻撃するために、特に言葉に様々の工夫をこらした。比喩や笑話などがそれである。たとえば、戦場において敵前逃亡をした兵隊が、五十歩逃げたのも百歩逃げたのも逃げたことには変りない（五十歩百歩）、という話も、孟子が梁の恵王に説くにあたって用いた比喩である。

こうした諸子百家の活躍の裏には、戦国時代の君主たちが富国強兵につとめたという事情がある。孟子は、数十台の車を従え、数多くの弟子を引きつれて、梁や斉などの国々を渡り歩いた（遊説）というが、そんな大名行列が可能であったのは、孟子の主張を君主が気にいった場合、多大の金品が与えられたからである。富国強兵の良策を求める君主と、主張を認めてもらおうとする思想家。そこに、「舌先三寸」に自己の存在を賭けた思想家の姿を想像することもできよう。

本文は、孟子が斉の宣王の問いに答えた文章。宣王は、自分の君主としてのあり方を、古の聖人君主の文王と比較してみたのであるが、いま一つ自らの至らなさに気づかない。孟子が、それを明確に指摘した場面である。

▼書き下し文▲

斉《せい》の宣王《せんわう》問《と》ひて曰《いは》く、「文王《ぶんわう》の囿《いう》は、方七十里《はうしちじふり》と。諸《これ》有《あ》りや」と。孟子《まうし》対《こた》へて曰《いは》く、「伝《でん》に於《お》いて之《これ》有《あ》り」と。曰《いは》く、「是《か》くのごとく其《そ》れ大《だい》なるか」と。曰《いは》く、「民猶《たみな》ほ以《もつ》て小《せう》と為《な》すなり」と。曰《いは》く、「寡人《くわじん》の囿《いう》は、方四十里《はうしじふり》なるも、民猶《たみな》ほ以《もつ》て大《だい》と為《な》すは、何《なん》ぞや」

と。曰《いは》く、「文王《ぶんわう》の囿《いう》は、方七十里《はうしちじふり》なるも、芻蕘《すうぜう》の者《もの》も往《ゆ》き、雉《ち》兎《と》の者《もの》も往《ゆ》き、民《たみ》と之《これ》を同《おな》じうす。民以《たみもつ》て小《せう》と為《な》すも、亦宜《またむべ》ならずや。臣始《しんはじ》めて境《きやう》に至《いた》るや、国《くに》の大禁《たいきん》を問《と》ひて、然《しか》る後《のち》に敢《あ》へて入《い》る。臣聞《しんき》く、『郊関《かうくわん》の内《うち》に、囿《いう》の方四十里《はうしじふり》なる有《あ》り。其《そ》の麋鹿《びろく》を殺《ころ》す者《もの》は人《ひと》を殺《ころ》すの罪《つみ》のごとし』と。則《すなは》ち是《こ》れ方四十里《はうしじふり》、阱《せい》を国中《こくちう》に為《つく》るなり。民以《たみもつ》て大《だい》と為《な》すも、亦宜《またむべ》ならずや」と。

▼全文解釈▲

斉の宣王がたずねて言った、「周の文王の狩場は七十里四方もあったという。本当にそんなことがあったのか」と。孟子がお答えした、「言い伝えにそのようなことがあります」と。（宣王が）言うには、「そんなにも広大であったのか」と。（孟子が）言った、「（当時の）民はそれでもまだ小さいと思っていました」と。（宣王が）言うには、「私の狩場は四十里四方しかないのに、民がそれでも大きいと思うのは、どうしてか」と。（孟子が）言った、「文王の狩場は七十里四方でしたが、草刈りや木こりも出かけて行き、雉《きじ》や兎《うさぎ》を狩る者も出かけて行って、（こうして文王は）民とその狩場を共用したのです。民が小さいと思ったのも、何ともっともなことではありませんか。私が、はじめて斉の国境にやって来た時、この国の重要な禁令をたずねたあと、やっと思いきって足を踏み入れました。（その禁令として）私が聞いたのは『郊外の関所の内側に四十里四方の狩場があり、その中で麋《び》（＝大鹿）や鹿を殺した者は、人を殺した罪と同じように処罰される』ということでした。つまりこれは、四十里四方の落し穴を国の中につくったようなものです。民がその狩場を大きいと思うのも、何ともっともなことではありませんか」と。

▼解釈のポイント▲

有《ありや》レ諸《これ》　「諸《しよ》」は「もろもろノ」（多くの）と読むこともあるが、

①句中にあると、「之於《しを》」の合音字となる。

□《(ス)》二諸《これヲ》A一 ＝ □《(ス)》二之《ヲ》於A一 ――これヲAニ□ス（これをAに□する）

②句末にあると、「之於《しを》」の合音字となる。

□《(スヤ)》レ諸《これヲ》 ＝ □《(ス)》レ之《ヲ》乎《や》 ――これヲ□スや《(スルか)》（これを□するのか）

したがって、「有レ諸」は「有レ之乎」と同じで、「これ（こういうこと）はあるのか」の意味となる。

対《こたヘテ》曰《いはク》　「（目上の人に）お答え申し上げる」の意味。

若《ごとク》レ是《かクノ》其《それ》大《だいナル》乎《か》　「かクノごとク」は「かクノごとシ」の連用形の読みで、「この（その）ように」と訳す。「其」は、強意の助詞で、ここでは訳さなくてもよい。「乎」は、疑問の助詞。したがって、解釈は、「（文王の狩場は）そんなにも大きかったのか」となる。

以《もつテ》為《なス》レ小《せうト》　「以《テ》レA《ヲ》為《ス》レB《ト》」（AをBとする・みなす・思う）の、Aが省略された形。「小さいと思った」と訳す。

寡《くわ》人《じん》　諸侯の自称。

何也《なんゾや》 「どうしてか」の意味の疑問形。

与《と》レ民《たみ》同《おなジウス》レ之《これヲ》 「之」は、「文王之囿」を指す。つまり、文王が、狩場を開放して人民と共同利用していたことを言っている。

不《ず》二亦《また》宜《むベナラ》一乎《や》 「不二亦 A一乎」は「何とAではないか」と訳す。「宜《むベナリ》」は、「もっともである」の意味。

臣《しん》 ここでは、臣下・人民が君主に対する時の自称。

然後《しかルのちニ》 「その後・そこで始めて」の意味。

如《ごとシ》二殺《ころス》レ人《ひとヲ》之《の》罪《つみノ》一 「如《ごとシ》二――《ノ》一」は「――のようである」の意味。

▼設問解説▲

問一 〔**解釈のポイント**〕参照。①については、「これありや」と「これあるか」、どちらで読んでもかまわない。③については、前の行の「民猶《ホ》以《テ》為《ス》レ小《ト》」に注目したい。

問二 やはり〔**解釈のポイント**〕を参照してもらいたいが、設問に「わかりやすく現代語訳せよ」とあるので、解答欄の大きさを考慮しながら、省略されている言葉を補った訳文にしたいところである。

問三 「臣聞」は、孟子が「私は聞きました。……」と言っているところ。だから、聞いた内容は「臣聞」の直後に出てくる。ところで、孟子がどんな内容のことを聞いたのか、と考えてみると、「臣聞」の直前の一文に、「問《ヒテ》二国之大禁《ヲ》一」（この国の重要な禁令をたずねた）とある。つまり、孟子が聞いたのは、斉国の禁令なのであり、この点から解答を求めるとよいだろう。

問四 「為《つくルナリ》二阱《せいヲ》於国中《ニ》一」（落し穴を国の中につくる）とは、設問文にあるように比喩表現である。「阱」＝人をおとしいれる穴、から考えることもできようが、まず問題文中に解答の根拠となる箇所をさがしてみることが必要である。そうでないと、とんでもない的外れの答案を作ってしまうことになる。ここは、傍線部の前にある「則《チ》是《レ》」（つまりこれは）の二字に注意するとよい。この二字の直前の部分、つまり孟子が聞いた斉国の重要な禁令が、比喩のもとになる事実なのである。したがって「郊関之内《ニ》、……如《シ》二殺《ス》レ人《ヲ》之罪《ノ》一」を解釈してまとめると解答になる。

問五 この問題も、解答の根拠となる部分を問題文の中に求めることから始めたい。その際のポイントとして、設問文にあるa「文王の方七十里の囿」・b「民が狭いと考えた」の二点から的をしぼってゆく。すると、孟子の言葉の前半部に、a文王の囿について語られており、その中の「民以《テ》為《スモ》レ小《ト》、不二亦宜《むベナラ》一乎」（民が小さいと思ったのも…）にbに相当する表現がある。つまり「文王之囿《ハ》……与レ民同《ジウス》レ之《ヲ》」が解答の根拠となる部分なのであり、この部分を訳したうえで、制限字数以内にまとめればよい。

21 『史記』張釈之列伝

▼解答と配点▲

問一　㋑より　㋺それ　㋩のみ　（3点×3　9点）

問二　(a)ことごとく　こたふ《（う）》る（こと）あたは《（わ）》ず。　（a・b各2点　4点）

(b)全く　お答えすることができなかった。　（a・b各2点　4点）

(c)(1)ことごとくは　こたふ《（う）》る（こと）あたは《（わ）》ず。　（a・b各2点　4点）

(2)全てに　お答えすることができた　わけではない。　（a・b各2点　4点）

問三　下級の役人は、自分の才能を帝に示そうとして、その応対はつまることがなかった。（a・b各2点、c3点　7点）

問四　オ　（5点）

問五　口べたであること。　（7点）

問六　イ　（6点）

▼本文解説▲

『史記』については問題16『史記』田単列伝の〔本文解説〕参照。

本文には、後の人が原文に手を加えた箇所がある。

漢の文帝は、質問に対する応対が巧みであった下役人を上級の役人（＝尉）へと昇進させようとした。張釈之は、「弁才（巧みに話す才能）」という人間の才能の一面だけを評価すると、秦と同じように国を滅ぼすことになるので、昇進など人事は、その人がどのような人物であるかをよく見極めたうえで行うべきだ、と説いている。

▼書き下し文▲

文帝上林苑《ぶんていじやうりんゑん》に遊《あそ》び、養《やしな》ふ所《ところ》の禽獣《きんじう》を問《と》ふ。尉《ゐ》尽《ことごと》く対《こた》ふる能《あた》はず。下吏《かり》傍《かたはら》より上《しやう》の問《と》ふ所《ところ》に対《こた》ふ。以《もつ》て其《そ》の能《のう》を観《しめ》さんと欲《ほつ》して、口対《こうたい》して窮《きは》まること亡《な》し。上《しやう》曰《いは》く、「吏《り》当《まさ》に此《か》くのごとくなるべし」と。吏《り》を以《もつ》て尉《ゐ》に代《か》へんと欲《ほつ》す。張釈之《ちやうせきし》前《すす》みて曰《いは》く、「陛下《へいか》絳侯《かうこう》は何如《いか》なる人《ひと》と以為《おも》へるや」と。上《しやう》曰《いは》く、「長者《ちやうじや》なり」と。復《ま》た問《と》ふ、「東陽侯《とうやうこう》は何如《いか》なる人《ひと》や」と。上《しやう》復《ま》た曰《いは》く、「長者《ちやうじや》なり」と。釈之《せきし》曰《いは》く、「夫《そ》れ両侯《りやうこう》を称《しよう》して長者《ちやうじや》と為《な》す。然《しか》れども両人事《りやうにんこと》を言《い》ひては猶《な》ほ口《くち》に出《いだ》すこと能《あた》はざるがごとし。且《か》つ秦《しん》は刀筆《たうひつ》の吏《り》を任《おも》んずるを以《もつ》て、吏《り》争《あらそ》ひて苛察《かさつ》するを以《もつ》て相高《あひたか》しとす。其《そ》の敝《へい》は徒《た》だ文具《ぶんそな》はるのみ。惻隠《そくいん》の実《じつ》無《な》し。故《ゆゑ》に二世《にせい》に至《いた》りて、天下土崩《てんかどほう》す。今陛下《いまへいか》口弁《こうべん》を以《もつ》て之《これ》を重用《ちようよう》すれば、臣天《しんてん》下《か》の風《ふう》に随《したが》ひて靡《なび》き、口弁《こうべん》を争《あらそ》ひて其《そ》の実《じつ》を亡《うしな》はんことを恐《おそ》る。挙措《きよそ》は察《さつ》せざるべからざるなり」と。

▼全文解釈▲

文帝は狩猟場である上林苑に出かけていった時、そこで飼われている鳥や獣について（苑の役人に）質問した。しかし苑を管理する役人は全くお答えすることができなかった。（すると）下級の役人がそばから帝の質問することにお答えした。（彼は）自分の才能を帝にみせようとして、その応対はよどむことがなかった。帝は言った、「役人は当然このようであるべきだ」と。（そうして、帝は）下級の役人を昇進させて苑を管理する役人と交代させようとした。張釈之は進み出て言った、「陛下は絳侯周勃さまはどんな人だとお思いですか」と。帝は「徳の高い者である」と言った。さらに（張釈之は）「東陽侯張相如さまはどのような人ですか」と質問した。帝はふたたび「徳の高い者である」と言った。そこで張釈之は言った、「そもそも陛下は両人を称して徳の高い者とされました。しかしながらこの二人は、物事について言う場合はまるで（巧みには）お話しできないようです。さらに秦王朝は（法律一点ばりの）文章を記すしか能のない小役人を重用しましたから、役人たちは（法令の一字一句のままに）細かくきびしく目を光らせることを価値あることとしました。その弊害は、法令が形式的に備わっただけでした。（そして民衆を）思いやるという実《じつ》をなくしました。それゆえ二世皇帝に至って、秦の天下は崩壊してしまったのです。もしも陛下が弁論の才によって役人を重用すれば、私は天下の人々がそういう風潮になびき、弁論の才を争って、（ひいては）民を思いやるという実をなくしてしまうであろうことを恐れます。人事は慎重にしなければなりません」と。

▼解釈のポイント▲

尽《ことごとク》不《ず》レ能《あたハ》レ対《こたフル》 「不レ能二――一」は、「――することができない」の意味で「――スル（コト）あたハず」と読む。「対」は、「（目上の人に）お答えする」の意味で「こたフ」と読む。「尽」は、「つく、つクス」とも読むが、ここでは「全部」の意味で「ことごとク」と読む。したがって、全体では「全くお答えすることができない」の意味で「ことごとクこたフル（コト）あたハず」と読む。

一方「尽」が否定詞の下に置かれた「不二尽――一」は、「全部――するとは限らない」という意味の部分否定であり、「ことごとクハ――（セ）ず」と読む。したがって「不レ能二尽対一」は、「全てにお答えできるとは限らない」の意味の部分否定で「ことごとクハこたフル（コト）あたハず」と読む。両者の読みと意味の違いに注意してほしい。

自《より》二――一 起点を表す。「――から」の意味。「従」「由」にも同様の用法がある。

上《しやう》 天子のこと。ここでは文帝を指す。

当《まさニ》《ベシ》レ如《ごとクナル》レ此《かクノ》 「当」は再読文字。「当然――すべきだ・するはずだ」の意味で「まさニ――（ス）べシ」と読む。「如レ此」は、「このようである」の意味で「かクノごとシ」と読む。ただし、ここでは「当」の再読部分に接続するので、「如」は「ごとクナリ」の連体形「ごとクナル」と読む。全体では、「当然こうあるべきだ」の意味で、「まさニかクノごとクナルベシ」と読む。

何如《いかん》 「どのようであるか」という状態を問う疑問の副詞。「何若」「奚若」も同様。「何如人」は、「いかナルひと」と読んで「どのような人か」の意味である。

長者《ちやうじや》 ①富貴の人、②徳行のある人、③老人、などの意味があるが、ここでは②の意味。

夫《それ》 「夫《をつと》」や「おとこ（成年の男子）」の意味もあるが、通常、文頭にある場合は、「それ」と読んで「そもそも」の意味、文末にある場合は「かな」と読んで「なんと──か」と詠嘆の意味を表す。また文中では「かノ」と読んで「あの」の意味を表す。

猶《なホ》《ごとシ》**不**《ざルガ》**能**《あたハ》**出**《いだスコト》**口**《くちニ》 「猶《ホ》《シ》──《（スル）ガ》ノ」は再読文字。「ちょうど・まるで──のようだ」の意味。

且《かツ》 「そのうえ」の意味。再読文字として「将」と同じく「まさニ──（セ）ントす」と読む用法、「しばらク」と読んで「ひとまず・少しの間」の用法もある。

徒《たダ》**──耳**《のみ》 限定形。「ただ──だけだ」の意味。

不《ざル》**可**《ベカラ》**不**《ざル》**察**《さつセ》**也**《なり》 「不《ず》可《ベカラ》不《ざル》──《（セ）》」は、二重否定で「──しなくてはならない」の意味。「不《ず》能《あたハ》不《ざル（コト）》──《（セ）》」「不《ず》得《え》不《ざルヲ》──」（──しないわけにはいかない）も合わせて覚えておくこと。「察」は「よく見る・考察する・十分に調べる」の意味。したがって、全体では「よく考えて慎重にしなくてはならない」の意味となる。

▼設問解説▲

問一 〔**解釈のポイント**〕参照。

問二 〔**解釈のポイント**〕参照。

問三 主語がない場合、まず直前の一文の主語と同じであろう、と考えるのが常道である。この場合「下吏」であるが、つづく「上《しやう》」の言葉「吏は──」さらに続く一文「吏を以て──」からみて間違いないようである。したがって「其《ノ》」は「下吏自身」を指し、「能」とは「能力・才能」とわかる。「欲《ス》──《（セント）》」は「──しようとする」もしくは「──したい」と訳す。ここは前者。（「以《テ》」はここでは単なる助字と考えて訳さない）つまり「尉」が答えることのできなかった禽獣に関する知識を「帝に示そうとした」のである。「口対」の「対」は〔**解釈のポイント**〕にあるように「お答えする」の意味。したがって「口対《シテ》亡《なシ》窮《マルコト》」は「返答・応対はつまることがなかった」となる。

問四 〔**解釈のポイント**〕参照。

問五 「猶」は〔**解釈のポイント**〕参照。「不《ず》能《あたハ》──《（スル）》」も〔**解釈のポイント**〕参照。張釈之は、「口対して窮まることのない」吏を尉に昇進させようとした帝に対して異議を唱えている。その根拠として、帝も「長者である」と認める二人が「物事について言うときには、まるで──できないようだった」という事実を提示しているわけだから、ここでの「口に出す」とは、「巧みに話す・ものを言う」ことと推測できるであろう。

問六 **問五**で考えたように、張釈之は「口対して窮まることのない」吏を尉に昇進させることに対して、異議を唱えているのだから、ア・エは消去できる。また、本文は、「役人にものをたずねる」場合や「やめさせる」場合の注意を述べているわけではない。したがってウ・オも消去。「陛下が口弁を以て重用すれば、臣（＝私）は――を恐る」とあるように、張釈之は、「弁才」だけを評価していると、「惻隠の実無し」（民を思いやるという実を無くした）秦と同じように滅んでしまう、したがって「民を思いやる」役人としての姿勢にも目を向けるべきだと説いたのである。言葉の最後で「挙措《ハ》不《ル》レ可《カラ》レ不《ル》レ察《セ》也」（人事は慎重にしなければならない）と述べるのは、人事に際しては、人物の一面的な才能だけでなく民に対する姿勢なども含めて「どういう人物であるのか」を観察すべきだというのである。したがってイが正解である。

22 『春秋左氏伝』

▼解答と配点▲

問一 ㋑いへ《(え)》ども ㋺もし （3点×2 6点）
問二 ⓐ商 ⓑ楚人 ⓒ宋人 （3点×3 9点）
問三 [a]敵軍がまだ陣形を整えないうちに、[b]攻撃すべきこと。（24字）（a・b各4点 8点）
問四 イ （6点）
問五 エ （6点）
問六 [a]戦いとは敵を殺すものであるから、[b]傷ついた敵兵でも追い討ちをかけるべきで、[c]それがいやなら初めから傷つけない方がよい。（57字）（a～c各5点 15点）

▼本文解説▲

『春秋左氏伝《しゅんじゅうさしでん》』。『春秋』は、魯国の史官の残した記録を孔子が編集したとされている歴史書。魯の隠公元年（前七二二）から哀公十四年（前四八一）までを記述しているが、中国史における春秋時代という名称は、『春秋』に書かれた時代という意味から出ている。この『春秋』に魯の左丘明が注釈を加えたと伝えられるものが『春秋左氏伝』である。『春秋』の注釈書には、他に斉の公羊高《くようこう》の『春秋公羊伝』、魯の穀梁赤《こくりょうせき》の『春秋穀梁伝』があり、この三種類の注釈書を「春秋三伝」と呼ぶ。

本文は、宋の襄公が君子を気取って敵軍の弱味につけ込むことを潔しとしなかったため、大敗を喫してしまい、戦いにおいては情けは無用であると子魚に批判されたという話。この故事から「宋襄《そうじょう》の仁《じん》」（＝無用の情け）という成語が生まれた。

▼書き下し文▲

楚人《そひと》宋《そう》を伐《う》ち以《もっ》て鄭《てい》を救《すく》ふ。宋公《そうこう》将《まさ》に戦《たたか》はんとす。大司馬《だいしば》固《かた》く諫《いさ》めて曰《いは》く、「天《てん》の商《しやう》を棄《す》つるや久《ひさ》し。君《きみ》将《まさ》に之《これ》を興《おこ》さんとす。赦《ゆる》さるべからざるのみ」と。聴《き》かず。楚人《そひと》と泓《わう》に戦《たたか》ふ。宋人《そうひと》列《れつ》を成《な》し既《を》へ、楚人《そひと》未《いま》だ済《わた》り既《を》へず。司馬《しば》曰《いは》く、「彼《かれ》衆《おほ》く我《われ》寡《すくな》し。其《そ》の未《いま》だ済《わた》り既《を》へざるに及《およ》びて、請《こ》ふ之《これ》を撃《う》たん」と。公《こう》曰《いは》く、「不《ふ》可《か》なり」と。済《わた》り既《を》へて未《いま》だ列《れつ》を成《な》さず。又《また》以《もつ》て告《つ》ぐ。公《こう》曰《いは》く、「未《いま》だ可《か》ならず」と。陳《なら》び既《を》はりて後《のち》之《これ》を撃《う》つ。宋師《そうし》敗績《はいせき》し、公《こう》股《また》を傷《きず》つき、門官《もんくわん》殲《つ》く。国人《こくじん》皆《みな》公《こう》を咎《とが》む。公《こう》曰《いは》く、「君子《くんし》は傷《きず》を重《かさ》ねず、二毛《にもう》を禽《とりこ》にせず。古《いにしへ》の軍《ぐん》を為《な》すや、阻隘《そあい》を以《もつ》てせざるなり。寡人《くわじん》亡国《ばうこく》の余《よ》と雖《いへど》も、列《れつ》を成《な》さざるに鼓《う》たず」と。子魚《しぎよ》曰《いは》く、「君《きみ》未《いま》だ戦《たたか》ひを知《し》らず。勍敵《けいてき》の人《ひと》、隘《あい》にして列《なら》ばざるは、天《てん》我《われ》を賛《たす》くるなり。阻《そ》にして之《これ》に鼓《う》つ、亦《また》可《か》ならずや。猶《な》ほ懼《おそ》れ有《あ》り。且《か》つ今《いま》の勍《つよ》き者《もの》は、皆《みな》吾《わ》が敵《てき》なり。胡耇《ここう》に及《およ》ぶと雖《いへど》も、獲《う》れば則《すなは》ち之《これ》を取《と》らん、何《なに》か二毛《にもう》に有《あ》らんや。恥《はぢ》を明《あきらか》にし戦《たたか》ひを教《をし》ふるは、敵《てき》を殺《ころ》すを求《もと》むるなり。傷《きず》つきて未《いま》だ死《し》に及《およ》ばざれば、如何《いかん》ぞ重《かさ》ぬる勿《な》からん。若《も》し傷《きず》を重《かさ》ぬるを愛《をし》めば、則《すなは》ち傷《きず》つくる勿《な》きに如《し》かんや。其《そ》の二毛《にもう》を愛《をし》めば、則《すなは》ち服《ふく》するに如《し》かんや」と。

▼全文解釈▲

楚の軍隊は宋を攻めて、鄭を助けようとした。（そこで）宋公（襄公）は楚と戦おうとした。大司馬（子魚）が強く諫《いさ》めて言うには、「天が商（宋は商の子孫の国）を見棄ててから長い年月が経ちました。わが君は商を復興させようとしていますが、それは許されることではありません」と。（襄公は）聞き入れず、楚の軍隊と泓水のほとりで戦った。宋の軍隊はすでに陣形を整え終わっていたが、楚の軍隊はまだ川を渡り終えていなかった。（そこで）大司馬が言うには、「敵軍は人数が多く、わが軍は人数が少ないのです。敵軍がまだ渡り終えないうちに、攻撃させてください」と。（襄）公が言うには、「それはいけない」と。（楚の軍隊は）川を渡り終わったがまだ陣形を整えていなかった。（大司馬は）さらに（襄公）に進言した。（襄）公が言うには、「まだいけない」と。（楚の軍隊が）陣形を整え終わってから攻撃した。宋の軍隊は大敗し、（襄）公は股に傷を負い、左右を守る役人たちは全員戦死した。宋の人々は皆（襄）公を非難した。（襄）公が言うには、「君子というものは傷ついた相手に追い討ちをかけたりしないし、白髪まじりの老人を捕らえたりはしないものだ。昔の戦いは、（敵軍の）足場が悪いのにつけ込んで攻めるようなことはしなかった。わたしは亡国（商）の子孫であるが、陣形を整えていない敵軍を攻撃したりはしない」と。（大司馬の）子魚が言うには、「わが君は戦いというものがまだわかっていません。強い敵軍が足場の悪い所で陣形を整えていないのは、天がわが軍を助けようとしていたのです。敵軍の足場が悪いのにつけ込んで攻撃することはなんと良策ではないですか。それでも敗れる恐れはあるのです。その上、今の強い国はすべてわが国の敵なのです。九十歳の老人だとしても、捕らえたら命を奪うものです。白髪まじりの老人に何の遠慮をする必要がありましょうか。（軍律に）兵士の恥ずべき行為を明らかに定め、戦争のかけ引きを教えるのは、敵を殺すためです。（敵兵が）負傷してもまだ死なないのなら、どうして追い討ちをかけないでおれましょうか。もし（負傷者に）追い討ちをかけるのをためらうならば、（最初から）負傷させない方がよいのです。白髪まじりの老人に遠慮するくらいなら、（敵軍に）降服した方がよいのです」と。

▼解釈のポイント▲

将《まさニ》《す》レ戦《たたかハント》 「将ニ——（セ）ントす」は再読文字。「——しようとする・——するつもりだ」の意味。

衆《おほシ》 「多い」の意味。対義語は「寡」「少」。

寡《すくなシ》 「少ない」の意味。

請《こフ》撃《うタン》レ之《これヲ》 「請《フ》——《（セ）ン》」は願望形。「どうか——させてください」の意味。

不《ふ》可《かナリ》 ①できない、②いけない、の意味。ここは②の意味。

未《いまダ》《ず》レ可《かナラ》 「可《かナリ》」は①できる、②よい、の意味。この「未《ダ》レ可《ナラ》」は「まだいけない」の意味である。

敗《はい》績《せき》 「戦いに大敗する」の意味。

君《くん》子《し》ハ不《ず》レ重《かさネ》レ傷《きずツ》 「君子」は「才徳のある立派な人物」のこと。対義語は「小人」。「重《かさヌ》レ傷《きずツ》」は「傷ついた相手に追い討ちをかける」の意味。したがって、「君子というものは、傷ついた相手に追い討ちをかけたりしないものだ」の意味である。

古《いにしへ》之《の》為《なス》レ軍《ぐんヲ》也《や》 「也」は提示の働き。「――は・のは・ときには」の意味。

寡《くわ》人《じん》 王侯の一人称。「わたし」の意味。

雖《いへども》二――一《ト》 「たとえ――だとしても・――だけれども」の意味。

不《ず》二亦《また》可《かナラ》一乎《や》 「不《ず》二亦《また》――一《(ナラ)》乎《や》」は詠嘆的な反語形。「なんと――ではないか・本当に――だ」の意味。「可《かナリ》」には、①できる、②よい、などの意味があるが、ここでは②の意味。全体では「なんとよいことではないか」の意味である。

猶《なホ》 「それでもやはり」の意味。「猶《なホ》有《あり》レ懼《おそレ》」は「それでも敗れる恐れがある」の意味。

何《なにカ》有《あランヤ》二於《に》二《に》毛《もうニ》一 「何有《カ》二――一《ラン(ヤ)》」は反語形。「何が――あろうか、いや何も――はない」の意味。「白髪頭の老人に何の遠慮をする必要があろうか」と訳す。

如《い》何《かんゾ》勿《なカラン》レ重《かさヌル》 「如何――」には、①疑問形「如何《いかんゾ》――《(スル)》」(どうして――するのか)、②反語形「如何《ゾ》――《(センヤ)》」(どうして――しようか、いや――しない)、の用法があるが、ここでは②の用法。「勿二――一」は「――(スル)(コト・モノ)なシ」(――することがない)と読む。したがって全体では、「いかんゾかさヌル(コト)なカラン(ヤ)」と読み、「どうして追い討ちをかけないでいられようか」の意味である。

若《もシ》――《バ》 仮定形。「もし――ならば」の意味。「若」のかわりに「如」が用いられることもある。

如《しカンヤ》レ勿《なキニ》レ傷《きずツクル》 「如《しカンヤ》二――一《ニ》」は文脈から反語に読む形。句末の「ンヤ」の読みに注意すること。「どうして――に及ぼうか、いや及びはしない」の意味。つまり比較形「不《ず》レ如《しカ》二――一《ニ》」(――の方がよい)と同義。全体では、「傷つけない方がよい」という意味である。

▼設問解説▲

問一 〔解釈のポイント〕参照。

問二 指示語は、直前の語句や内容を指す場合が多い。まず「之」については、「天之棄《ツルヤ》レ商《ヲ》久《シ》矣。君将《ニ》レ興《サントス》レ之《ヲ》」(天が商を見棄ててから長い年月が経ちました。わが君は「之」を復興させようとしています)とあるのだから、明らかに「商」を指している。さらに「彼」「我」については、大司馬である子魚が「彼衆《ク》我寡《シ》」(「彼」は人数が多く、「我」は人数が少ないのです)と、敵軍と自軍の戦力を分析しているのであるから、「彼」＝敵軍＝「楚人」、「我」＝自軍＝「宋人」である。

問三 「又以《テ》告《グ》」とは、「子魚はさらに宋公に告げた」の意味である。子魚は、楚軍がまだ川を渡り終えていない時に「及《ビテ》二其《ノ》未《ダ》レ既レ済《へ》一也、請《フ》撃《タン》レ之《ヲ》」(敵軍がまだ渡り終えないうちに、攻撃させてください)と、宋公に進言している。そして、今度は楚軍が川を渡り終えたもののまだ陣形を整えていない時に進言したのであるから、その進言は、「敵軍がまだ陣形を整えないうちに、攻撃させてください」という内容のものであったと考えられる。

問四　〔**解釈のポイント**〕参照。「不二亦可《ナラ》一乎」が詠嘆的な反語形であるとわかれば、各選択肢の後半に注目することによって正解イを選ぶことができる。さて前半部であるが、まず「阻」は「険しい」の意味である。本文には「阻隘《そあい》」という熟語が見えるが、「隘」は「狭い」の意味であり、「阻」「隘」はいずれも「敵軍が足場の悪い所にいる」ということを表現しているのである。次に「鼓」は、「つづみを打つ」の意味であるが、「不レ鼓《タ》レ不《ルニ》レ成《サ》レ列《ヲ》」という部分から推測できるように「つづみを打つ」ことは進撃の合図であり、「攻撃する」ことを意味する。したがって「阻《ニシテ》而鼓《ツ》レ之《ニ》」とは、「敵軍の足場の悪いのにつけ込んで攻撃する」という意味であり、子魚はそのような作戦を全面的に肯定しているのである。

問五　〔**解釈のポイント**〕でもふれたように、「如何 ――」は、疑問の意味である場合と反語の意味である場合があるが、ここは、宋公が「君子《ハ》不レ重《ネ》レ傷《ヲ》」と述べたのに対して子魚が批判した部分に当たることから、反語の意味であると判断できる。そこで、「いかんぞ」という読みと、反語の句末の「未然形＋ン（ヤ）」という読みを備えたエを選べばよい。仮にここが疑問の意味であれば、「いかんゾかさヌルなキ」と、句末を「連体形」で結ばなければならない。

問六　宋公の君子を気取った発言を子魚が批判しているのは、「子魚曰《ク》」以下の部分であるが、特に「君子《ハ》不レ重《ネ》レ傷《ヲ》」という発言に対して批判を加えているのは「明《ニシ》レ恥《ヲ》教《フルハ》レ戦《ヒヲ》、……則《チ》如《カンヤ》レ勿《キニ》レ傷《ツクル》」という部分である。したがって、①「戦いとは敵を殺すものである」、②「傷ついた敵には追い討ちをかけるべきだ」、③「追い討ちをかけるのがいやなら、初めから傷つけない方がよい」という三つの内容を盛り込んで六十字以内にまとめればよい。

23 銭泳『履園叢話』臆論

▼解答と配点▲

問一 ㋑けだし ㋺なほ(お) ㋩ともに （2点×3 6点）

問二 金銭は、多く持てばその運用に苦労し、少なければ何とか増やそうと苦心すること。（38字） （12点）

問三 須らく 多からず 少なからざる （こと） を 要すべし。 （a 4点、b・c各2点 8点）

問四 私は、老いているのに全く白髪がなく、そのことを誰もがほめたたえうらやましがり、私がきっと養生の（＝老いない）ための秘訣を持っていると 見なした。 （a〜c各4点、d 2点 14点）

問五 金銭は、持つことが多すぎても少なすぎても 人の髪を白くさせるような魔力を持つということ。 （a・b各4点、c 2点 10点）

▼本文解説▲

『履園叢話《りえんそうわ》』は、清中期の文人で書家であった銭泳《せんえい》（一七五九〜一八四四）の著。「履園」は銭泳の号である。「臆論」とは、正確な根拠のない主観的な考え方・議論のことで、ここで紹介されている金持ちと貧乏人は老いやすく、白髪になるのも早いという捉え方も「臆論」の一つである。

金持ちは有り余るお金の運用に腐心して消耗する。貧乏人は少しでもお金を手に入れようと苦心するが容易には手に入れることはできず、あくせくすることで心身を疲れさせる。お金をほどほどに持つのが、老いない秘訣であるということが説かれている。

▼書き下し文▲

銀銭《ぎんせん》は一物《いちぶつ》、原《もと》より少《すく》なかるべからず、亦多《またおほ》かるべからず。多《おほ》ければ則《すなは》ち運用《うんよう》するに難《かた》く、少《すく》なければ則《すなは》ち進取《しんしゆ》するに難《かた》し。蓋《けだ》し運用《うんよう》には心《こころ》を縈《めぐら》すを要《えう》し、進取《しんしゆ》にも亦《また》心《こころ》を縈《めぐら》すを要《えう》す。此《これ》に従《よ》りて一生《いつしやう》労碌《らうろく》し、日夜《にちや》安《やす》からず、而《しか》うして人《ひと》も亦之《またこれ》に随《したが》ひて衰《すい》憊《はい》す。須《すべか》らく多《おほ》からず少《すく》なからざるを要《えう》すべし。又能《またよ》く足《た》るを知《し》りて撙節《そんせつ》し、以《もつ》て之《これ》を経理《けいり》すれば、則《すなは》ち綽綽然《しやくしやくぜん》として余裕《よゆう》有《あ》り。

余年六十《よとしろくじふ》にして、尚《な》ほ二毛《にまう》無《な》く、称羨《しようせん》せざるは無《な》く、以《もつ》て必《かなら》ず養生《やうじやう》の訣《けつ》有《あ》らんと為《な》す。一日《いちじつ》、余《よ》一《いち》富翁《ふをう》一《いち》寒士《かんし》と坐《ざ》して談《だん》ず。両人《りやうにん》の年紀《ねんき》は皆未《みないま》だ五十《ごじふ》を過《す》ぎざるに、倶《とも》に鬚髪《しゆはつ》蒼然《さうぜん》、精神《せいしん》衰《おとろ》へたり。因《よ》りて余《よ》に修養《しうやう》の法《はふ》を問《と》ふ。余《よ》笑《わら》ひて答《こた》へず。別《わか》れて後《のち》に人《ひと》に謂《い》ひて曰《いは》く、「銀銭《ぎんせん》は怪物《くわいぶつ》、人《ひと》をして髪白《かみしろ》からしむ」と。其《そ》の一《いつ》は太《はなは》だ多《おほ》く、一《いつ》は太《はなは》だ少《すく》なきを言《い》ふなり。

▼全文解釈▲

お金は一つの物に過ぎないが、元来少ないのはよくないし、やはりまた多いのもよくない。（お金を）多く持てばそれを運用するのは難しく、少なければ手に入れようと努力しても（手に入れるのは）難しい。思うに（お金を）運用するには、あれこれ気にかける必要があり、努力して手に入れるにもあれこれ気にかける必要がある。こうしたことから（お金を多く持つ者も少ししか持たない者も）、生涯あくせくと苦労することとなり、昼も夜も心穏やかではなく、それで人はこうした苦労を重ねることで疲れ果ててしまう。（それ故）人はお金については多くもなく少なくもない程度に持つことが必要である。さらにまた身の程をわきまえて（欲張ることなく）節約し、そうしてそのお金を上手に管理すれば、ゆったりと余裕を持って過ごすことができるのである。

　私は年齢が六十であるが、それでも白髪が交じることはなく、人は誰もが（私の若々しさを）ほめたたえてうらやましがり、私がきっと身を養生する（老けないための）秘訣を持っていると思っている。ある日のこと、私は一人の金持ちの老人と一人の貧乏人と同席して話したことがあった。二人の年齢はまだ五十を過ぎていなかったが、二人ともあごひげも頭髪も（白髪交じりの）灰色で、精神も衰弱していた。（私が若々しい姿に見えたからだろうか）それで、（その二人は）私に心身を養う方法について質問した。私は笑って答えなかった。（この二人と）別れてから（私は）別の人に（次のように）言った、「お金は怪物であり、人を白髪にしてしまう」と。一人はお金を持ち過ぎ、一人はお金が少な過ぎる（というあの二人の）ことを言ったのである。

▼解釈のポイント▲

原《もとヨリ》　「元来・元々・本来」の意味。「固・本」にも同じ用法がある。

不《ず》レ可《べカラ》ニ――（ス）一　①「――できない」（不可能）、②「――してはならない」（不許可・禁止）の二つ意味があるが、ここでは②の意味。

亦《また》　「――もやはり・もまた」の意味。「何と・大いに」（強調）の意味もある。

則《すなはチ》　接続から①「レバ則チ」（原因と結果を結ぶ）、②「ハ則チ」（主語の強調・区別）、③「則チ」（かくて・そこで）の三つの用法があるが、ここではもちろん①である。

蓋《けだシ》　「思うに」（曖昧な推断）の意味。「蓋《がい》然性」が「必然性」と「偶然性」との中間に位置している言葉であることからも分かる。名詞として「ふた・おおい」の意味もある。

従《よりテ》レ此《これニ》　「由《リテ》レ是《これニ》」と同じく、「このことによって・こうしたことから」の意味。

而《しかうシテ》　「そして」の意味。「ところが・しかし」の意味では「しかモ・しかルニ・しかルヲ」などとも読む。

須《すべかラク》《ベシ》ニ――（ス）一　再読文字。「――する必要がある」の意味。「すべからく」は「そうすべくあるらく」（そのようにする必要がある）を短縮した形。ここでは「須要――」という熟語の形で「必ず――しなければならない」というやや強い意味で使われている。「須らく――（する）を要すべし」と訓読する。

又《また》「そのうえ・さらに」の意味。

能《よク》――（ス）「――できる」（可能）の意味。この否定形「不レ能二――一」は「――あたハズ」と読む。

以《もつテ》「それで」「それによって」の意味で、前文の内容を受けて使われる。

尚《なホ》「いまもなお」の意味。抑揚形では「スラ尚ホ」（さらにその上）という用法もある。また「尚武」のように「たっとぶ」という意味の動詞として使う場合もある。

二毛《にまう》 白髪と黒髪の二種類の髪の入り交じった状態を表現し、ごま塩頭の髪のこと。

無《なシ》レ不《ざルハ》二――（セ）一 二重否定で「――しないこと（もの）はない・全て（みな）が――する」の意味。

以《もつテ》為《なス》二――（ト）一 「以《テ》レA為《ス》レB《ト》」（AをBと見なす・思う）」のAが省略された形。この場合の「以」は、基本的には前文の内容を受けて「それを・それで」と訳せばよい。「それをBと見なす・考える」という意味となる。

一日《いちじつ》「ある日」の意味。

与《と》二――一 「――と・と一緒に・とともに」の意味。「A与レB」の場合は「AハBと」と読んで従属関係を示したり、「AトBと」と読み、「AとBと（が・は・を）」の意味となる。なお、「与」は「あたフ・あづかル・ともニス・くみス」と読んで動詞としても使われる。また「よリハ」（比較）、「や・か・かな」（疑問・反語・詠嘆）の助詞としても使われる。

未《いまダ》二――（セ）一《ず》 再読文字で「まだ――しない」の意味。

倶《ともニ》「一緒に」の意味。ほかに「与・共・同」なども同様の意味・用法がある。

因《よリテ》「だから・それで」（原因）の意味。「よつて」と読むこともある。

令《しム》二A《ヲシテ》――（セ）一 使役形で「使」と同様「Aに――させる」の意味。ほかに「遣《ハシテ》レA《ヲ》――（セ）シム一」（Aヲ遣ハシテ――シム）、「命《ジテ》レA《ニ》――（セ）シム一」（Aニ命ジテ――シム）などの使役形がある。Aが省略される場合も多い。

太《はなはダ》「非常に」の意味。「甚」と同じ。

▼設問解説▲

問一 〔解釈のポイント〕参照。

問二 この場合の「此」は、後文の「一生労碌《らうろく》、…人亦《モ》随《ヒテ》レ之《ニ》衰憊《すいはい》」の原因となるものを指している。「従《よリテ》レ此《ニ》」は「これが原因となって」、ということだから、「此」は前文の「銀銭」（金銭・お金）を多く持っている場合や少なすぎる場合に生じる事態を指していると考えてよい。それを抜き出すとすれば「多《ケレバ》則《チ》難《ク》二于運用《スルニ》一、…進取亦《ニモ》要《ス》レ縈《スラ》レ心《ヲ》」ということになる。この場合の「運用」及び「進取」は文脈から考えれば、当然お金の「運用」であり、お金の「進取」ということになる。したがってこの文章は、お金を沢山持っている場合は、その運用にあれこれ悩み、また持っているお金が少なければ少しでも増やそうとあくせくと動き回らねばならないが上手くいかない、というような内容となる。これを簡略化すれば解答になる。

問三 ポイントは「須」という再読文字である（〈**解釈のポイント**〉参照）。「不㆑多不㆑少」については、冒頭の文章「不㆑可《カラ》㆑少《ナカル》、亦不㆑可《カラ》㆑多《カル》」の訓読を参考にすれば「多からず少なからず」という読み方が導き出せるはずである。ただ、注意すべき点は、この文章を「――を要す」につなげるため「少なからざる」と連体形にしなければならないことである。

問四 まず注意すべきことは、傍線部③の部分だけではなく「余年六十《ニシテ》、尚《ホ》無《ク》㆓二毛㆒」の部分も含めて訳さないと正確な意味を構成できないことである。「無《ク》㆑不《ルハ》㆓称 羨《セ》㆒」は二重否定（〈**解釈のポイント**〉参照）で「称羨しないものはいない」＝「皆が称羨する」という意味となるが、何を「称羨」するのかも訳出しなければ意味がわからなくなる。それが前文の内容である。「私は六十歳だが、白髪頭ではない」ということが「称羨」の対象となっているのである。したがってこの前文の内容を踏まえて「私が六十歳であるにも拘わらず白髪が全くなく若々しい姿をしていることを他の人の誰もがほめうらやましがっている」と解釈しなければならない。後半部の「以《テ》為《ス》㆓――《ト》㆒」は「以《テ》㆑A《ヲ》為《ス》㆑B《ト》」の構文のAが省略された形である（〈**解釈のポイント**〉参照）。このAに当たるものが、前半部の「称羨」の対象となったもの、つまり六十歳であるにも拘わらず白髪もなくて若々しく見える「余」（私）であることに気付かなければならない。「余」を誰もが「称羨」するわけだが、そうした人々は「余」が「必《ズ》有《ラン》㆓養 生 之 訣㆒」（きっと若さを維持するための〔＝養生の〕秘訣を持っているだろう）と考えた、ということである。

問五 この筆者が、どのような意味で「銀銭」を「怪物」であると言っているのかを説明する問題である。「令《ム》㆓人《ヲシテ》髪 白《カラ》㆒」（人を白髪にさせてしまう）という力を持つことが「怪物」と見なす理由にほかならないが、すべての人にそのような作用をもたらすわけではない。「其《ノ》一《ハ》太《はなはダ》多《ク》、一《ハ》太《ダ》少《キ》」という限定がついているのだからその点にも触れなければ正確な解答とはならないだろう。こうしたことを踏まえれば、「お金は、それを多く持つ者と少ししか持たない者の髪を白くしてしまうような力を持つという点で怪物である」というような解答に行き着くだろう。このままでも得点はできるが、やや冗長であり、字数制限が設定される場合もあることを考慮して、これをもう少し簡略に表現できるように訓練することも必要である。

24 賈誼『新書』

▼解答と配点▲

問一　㋑いかんぞ　㋺いやしくも　㋩のみ　（3点×3　9点）

問二　[a]敢へ(え)て　[b]粟を以てする(こと)[c]毋かれ(と)　（a2点、b・c点各3点　8点）

問三　ウ　（7点）

問四　ウ　（7点）

問五　エ　（7点）

問六　[a]粟が私の倉の中にあろうと民の手元にあろうと、[b]私にとっては　[c]同じことであってどちらでもかまわないのだ。（a・c各5点、b2点　12点）

▼本文解説▲

『新書《しんじょ》』は、漢代の人賈誼《かぎ》の著書。人生訓めいた文章から政治に関するものまで、さまざまな文章を収める。本文は、戦国時代の鄒《すう》の国を舞台にした政治についての文章である。

鄒の穆公は、あひるの飼料として粗末な穀物を用いるように命令した。これは常識的な考えであろう。ところが、粗末な穀物が底をついたために、人民のもつ粗末な穀物一石を官倉の立派な穀物二石と交換する結果となった。こんな常識外れの政策を止めさせようとした役人に対して、穆公は、二つの点から反論する。一つは、人民が汗水たらして収穫した立派な穀物を鳥に食わせるわけにはいかない。もう一つは、君主とは言わば民の父母なのだから、官倉の穀物を分け与えても結局は親が子に食事を与えて養うようなものであると。

やや詭弁めいた論理ではあるが、ここに中国における君主のあるべき姿が語られているとみることができよう。

▼書き下し文▲

鄒《すう》の穆公雁《ぼくこうがん》を食《やしな》ふ者《もの》に令《れい》する有《あ》り、「必《かなら》ず粃《しひな》を以《もつ》てせよ、敢《あ》へて粟《ぞく》を以《もつ》てする（こと）毋《な》かれ」と。是《ここ》に於《お》いて倉《くら》に粃《しひな》無《な》くして、易《か》へんことを民《たみ》に求《もと》め、二石《にこく》の粟《ぞく》にして一石《いつこく》の粃《しひな》に易《か》ふ。吏《り》請《こ》ひて曰《いは》く、「粃《しひな》を以《もつ》て雁《がん》を食《やしな》ふは、費《つひえ》無《な》きが為《ため》なり。今粃《いましひな》を民《たみ》に求《もと》むるに、二石《にこく》の粟《ぞく》にして一石《いつこく》の粃《しひな》に易《か》ふ。粃《しひな》を以《もつ》て雁《がん》を食《やしな》ふは、則《すなは》ち費《つひえはなは》甚だし。請《こ》ふ粟《ぞく》を以《もつ》て之《これ》を食《やしな》はん」と。公曰《こういは》く、「去《さ》れ、汝《なんぢ》の知《し》る所《ところ》に非《あら》ざるなり。夫《そ》れ百姓牛《ひやくせいうし》を煦《く》して耕《たがや》し、背《せ》を曝《さら》して耘《くさぎ》り、苦勤《くきん》して敢《あ》へて怠《おこた》らざるは、豈《あ》に鳥獣《てうじう》の為《ため》ならんや。粟米《ぞくべい》は人《ひと》の上食《じやうしよく》なり。奈何《いかん》ぞ其《そ》れ以《もつ》て鳥《とり》を養《やしな》はんや。且《か》つ汝小計《なんぢせうけい》を知《し》るも、大計《たいけい》を知《し》らず。周《しう》の諺《ことわざ》に曰《いは》く、『嚢《ふくろ》漏《も》るるも中《なか》に貯《たくは》ふ』と。汝独《なんぢひと》り聞《き》かざるか。夫《そ》れ君《きみ》なる者《もの》は民《たみ》の父母《ふぼ》なり。倉《くら》の粟《ぞく》を取《と》りて、之《これ》を移《うつ》して民《たみ》に与《あた》ふるも、此《こ》れ吾《わ》が粟《ぞく》に非《あら》ざるか。鳥苟《とりいや》しくも鄒《すう》の粃《しひな》を食《くら》はば、鄒《すう》の粟《ぞく》に害《がい》あらざるのみ。粟《ぞく》の倉《くら》に在《あ》ると其《そ》の民《たみ》に在《あ》ると、吾《われ》に於《お》いて何《いづ》れか択《えら》ばん」と。

▼全文解釈▲

鄒の穆公が、あひるを飼育する役人に命令を下した、「必ず粃《しいな》（＝粗末な穀物）をえさにせよ、実りのよい穀物をえさにするようなことがあってはならない」と。すると穀倉には粃がなくなってしまったので、民に（粃と穀物との）交換を求め、二石の穀物を一石の粃と交換することになった。役人が（穆公に）願い出て言った、「粃をえさにしてあひるを飼うのは、経費がかからないようにするためであります。ところが今、粃を民に求めるに当たって、二石の穀物を一石の粃と交換することとなりました。粃をえさにしてあひるを飼うのは、逆に経費が莫大となります。どうか穀物をえさにしてあひるを飼育しましょう」と。穆公が言った、「立ち去れ。お前の知ったことではない。そもそも、人民が牛を育てて田畑を耕し、背中を日にさらして草とりをし、骨折り努めてなまけようとはしないのは、どうして鳥や獣のためであろうか。穀物は人間にとって最高の食物である。どうしてそのようなもので鳥を飼うであろうか。そのうえ、お前はつまらない勘定はできても全体を見通した計算は知らないのだ。周の諺《ことわざ》に『袋が漏れても（ちゃんと倉の）中に残っている』と言うが、お前は聞いていないのか。そもそも君主とは民の父母というべきものである。（だから）穀倉の穀物を取り出して民に与えても、その穀物は自分の（家の）穀物ということになるのではないか。鳥が、もしも我が国の粃を食うなら、我が国の穀物に損害はないのである。穀物が私の倉の中にあろうと民の手元にあろうと、私にとっては同じことであってどちらでもかまわないのだ」と。

▼解釈のポイント▲

毋《なカレ》敢《あヘテ》以《もつテスル》粟《ぞくヲ》　「毋」は「無・莫・勿」などと同じで「なシ」・「なカレ」と読む。ここは、「なカレ」と読んで禁止の意味。「敢《あヘテ》」は、「思いきって」の意味だが、上に否定詞を伴った場合、「進んでは――しない・どうしても――しない」と訳す。「以粟」の二字は、直前の「以《テセヨ》粃《ヲ》」にあわせて読む。したがって、書き下し文は、「敢へて粟を以てする（こと）毋かれ」となる。解釈は、「食雁」の二字を補って、「穀物で雁を養うようなことがあってはならない」となる。

於《おイテ》是《ここニ》　「そこで・それで」の意味。

易　意味の違いによって音読の異なる字。①「やさしい・たやすい（やすシ）」の意味の場合は、容易・難易のように音読は「イ」となる。②「かえる・かわる（かフ・かハル）」の意味の場合は、交易・変易のように音読は「エキ」となる。

甚《はなはダシ》　程度がはなはだしい。

夫《そレ》　「そもそも」という発語。

豈《あニ》為《ためナラン》鳥《てう》獣《じうノ》也《や》哉　「豈《あニ》――也《や》哉」は反語形。「どうして――しようか、（いや――しない）」と訳す。「為」は、ここでは「ため」と読む。したがって、訳は「どうして鳥や獣を養うためであろうか、（いやそうではない）」となる。

奈何《いかんゾ》其《そレ》以《もつテ》養《やしなハン》鳥《とりヲ》也《や》

「奈何《いかんゾ》」は、「何《ゾ》」と同じ。ここでは反語の副詞。「其《そレ》」は強意。「以《もつテ》」は、「以《テ》二粟米《ヲ》一」の「粟米」が省略されたもの。したがって訳文は、「どうして立派な穀物で鳥を養おうか、（いやそんなことはしない）」となる。

苟《いやしクモ》——《バ》 仮定条件を表し、「もしも・かりにも——なら」の意味。**粟《ぞく》之《の》在《あルト》レ倉《くらニ》与《と》二其《そノ》在《あル》一レ民《たみニ》、於《おイテ》レ吾《われニ》何《いづレカ》択《えらバン》** 簡略化して示すと、「A《ト》与《と》レB、於《テ》レ吾《ニ》何《レカ》択《バン》」となる。「何択《レカ》《バン》」は反語形なので、「AとBと、私はどちらを選ぶのか、いやどちらも選ばない」ということになるが、この「どちらも選ばない」とは、この場合「どちらも同じで、どちらでもかまわない」という意味になる。

▼設問解説▲

問一 ㋑「奈何」は、文頭・文中に置いて、「どうして」と訳す場合、「ゾ」の送り仮名をつけて「いかんゾ」と読む。㋺「苟」は、「いやシクモ」と読んで仮定をつくる。㋩「而已」は、「のみ」と読む限定の助詞。「已」一字でも、また「而已矣」となっても、やはり「のみ」と読む。

問二 「毋《なカレ》」については、〔**解釈のポイント**〕参照。「以レ粟」の部分は、直前の「以《テセヨ》レ粃《ヲ》」の「セヨ」（サ変動詞の命令形）の送り仮名を参考にして、「以」のあとにはサ変動詞を付けると判断する。「なシ・なカレ」は、直前に体言を要求するので、サ変動詞を体言化するために、連体形で「スル」または「スルコト」と読むことになる。

問三 解釈問題であるが、二つあるポイント「不二敢——一」（進んでは——しない・——しようとはしない）、「豈——也哉」（どうして——しようか、いや、——しない）の反語形、が正確に訳せれば容易であろう。

問四 「小計」の「小」は、「つまらない・くだらない」の意味で使われることが多い。たとえば「小人」（徳のないつまらない人間）など。したがって、「汝知《ルモ》二小計《ヲ》一」とは、穆公が「お前はつまらない勘定はできても」と役人を非難した言葉なのである。だから「小計」とは役人が述べた考えを指していることになる。選択肢の中から、役人の考えに合うものを求めると、ウだけが残る。

問五 諺《ことわざ》の意味するところを問うているのだが、この諺の直訳「袋が漏れても中味は倉の中に残っている」だけではわかりにくい。ここは、この諺の引用の直後の穆公の言葉から類推する必要がある。**問六**が大きなヒントとなる。

問六 〔**解釈のポイント**〕参照。

25 陳師道「別三子」

▼解答と配点▲

問一　㋑すでに　㋺あへ《え》て　（4点×2　8点）
問二　ウ　（7点）
問三　ア　（7点）
問四　a いまだ　b ころもにたへ《え》ず　（a4点、b6点　10点）
問五　イ　（8点）
問六　エ　（10点）

▼本文解説▲

宋の詩人陳師道《ちんしどう》の「別三子（三子に別る）」は、詩文集『後山集《こうざんしゅう》』に収録されている。陳師道は、官職に就いた時期もあるが、直情径行の性格も災いして人生の大半を貧窮のうちに過ごした。

この詩は前書きに記したように、無官のゆえに幼い三人の子と別れることになった悲しみをリアルに表現している。唐代の詩に比べて、感情を抑制して表現することの多い宋代の詩の中にあって異彩を放っている。

この詩は五言古詩で、全体は四句ごとに一段落となっている。段落を追って見てみよう。

第一段落（第一句～第四句）あるはずがないと思っていた「貧賤なる父子は離別する」という諺《ことわざ》が、「今之《これ》を見る」とわが身に降りかかったと述べる。

第二段落（第五句～第八句）妻と三人の子が去っていくありさまを述べ、悲しみ、憤る。

第三段落（第九句～第十二句）髪を結う「十五歳」になったばかりの長女の様子を述べる。生き別れの悲しみを知る長女は、いつまでも「我に枕して（＝私の膝に頭をすりつけて）」離れようとしないと述べる。

第四段落（第十三句～第十六句）やっと挨拶の仕方を覚えた年頃の長男は、「お父さん、行こうと思います」と叫ぶ。

第五段落（第十七句～第二十句）妻に抱かれた末っ子の泣き声が、いつまでも耳に残ると述べ、そしてこの悲しみは誰にもわからないだろうと結ぶ。

▼書き下し文▲

夫婦《ふうふ》は死《し》して穴《あな》を同《おな》じくするも　父子《ふし》は貧賤《ひんせん》なれば離《はな》る
天下《てんか》寧《いづく》んぞ此《こ》れ有《あ》らんや　昔《むかし》聞《き》きて今之《いまこれ》を見《み》る
母《はは》は前《まへ》にして三子《さんし》は後《うしろ》なり　熟視《じゆくし》するも追《お》ふを得《え》ず
嗟乎胡《ああなん》ぞ不仁《ふじん》にして　我《われ》をして斯《ここ》に至《いた》らしむるや
女《むすめ》有《あ》り初《はじ》めて髪《かみ》を束《つか》ね　已《すで》に生離《せいり》の悲《かな》しみを知《し》る
我《われ》に枕《まくら》して肯《あ》へて起《た》たず　我《われ》の此《ここ》より辞《じ》するを畏《おそ》る
大児《たいじ》は語言《ごげん》を学《まな》び　拝揖《はいいふ》するも未《いま》だ衣《ころも》に勝《た》へず
爺《ちち》よ我《われ》は去《ゆ》かんと欲《ほつ》すと喚《さけ》ぶ　此《こ》の語《ご》那《なん》ぞ思《おも》ふべけんや
小児《せうじ》は襁褓《きやうほう》の間《かん》　抱《いだ》き負《お》はれて母《はは》の慈《いつく》しみ有《あ》り

汝《なんぢ》の哭《な》くは猶《な》ほ耳《みみ》に在《あ》り　我《わ》が懐《おも》ひ人《ひと》知《し》るを得《え》んや

▼全文解釈▲

（『詩経』に）「夫婦は死ぬと一つの墓に葬られる」と言うが
父と子は（父が）貧しく身分が低ければ離れればなれになる
世の中にどうしてこんなつらいことが起きようか
昔（この別離を）耳にしたが今それを眼前にしている
母は前にいて三人の子は後に続く
（私は）じっと見つめるが追うことはできない
ああ（天は）なんと無慈悲であって
私をこのような状況にまで至らせるのであろう
長女は髪を束ね（る歳になっ）たばかりなのに
もうすでに生別の悲しみを知っている
私（の膝）にもたれかかって進んでは立ち上ろうともしない
私がここから立ち去るのを恐れているのだ
長男は言葉を使い始めていて
きちんとお辞儀はするが着物の重さに耐えられない（ようだ）
（彼は）「お父さん、私は行こうと思います」と叫んだ
この言葉はつらくてどうして思い返すことができようか（いや、思い返すことはできない）
末っ子は（まだ）ねんねこの中
母の愛情深く抱き負われている
そなたの泣き叫ぶ声はまだ耳に残っている
私のこの（悲痛な）思いを人はわかるであろうか

▼解釈のポイント▲

寧《いづくンゾ》有《あランヤ》レ此《こレ》　「寧《いづくンゾ》」は、「どうして」という意味の疑問詞。「安《いづくンゾ》」と同じである。「寧《ンゾ》——《(セ)ン(ヤ)》」は、「どうして——しようか（いや、しない）」という意味の反語形。

不《ず》レ得《え》二——《(スル)ヲ》一　「——できない」と訳す。「得《う》二——《(スル)ヲ》一」は、「——できる」と訳す。

胡《なんゾ》——《(スル)(ヤ・カ)》　「胡《なんゾ》」は、「どうして」という意味の疑問詞。「何《なんゾ》」と同じである。結びが「至らしむるや」と「連体形＋（か・や）」で読まれているので、「どうして——するのか」という意味の疑問文である。ただし、ここは直前に「嗟乎《ああ》」という感嘆詞があるので、「なんと——であろう」という意味の詠嘆形となる。

なお、結びが「未然形＋ん（や）」になると「どうして——しようか（いや、しない）」という意味の反語文になる。

使《しム》二A《ヲシテ》□《(セ)》一　「Aに□させる」と訳す使役形。「使」のかわりに「令」が使われることもある。

初《メテ》□　「□したばかり」の意味。

已　①やム（やめる・おわる）、②すでニ（もうすでに）、③のみ（だけ）、などの用法を持つ。
ここでは、②の用法。（→3〔**解釈のポイント**〕参照）

不《ず》二肯《あヘテ》——《(セ)》一　「進んでは——しない・——しようとはしない」と

いう意味の否定形。

従《より》二——一　「——から」の意味。「自」も「自《より》二——一」の形で返読する時は「——から」の意味である。（→[21]〔**解釈のポイント**〕参照）

辞《じス》　①断る（辞退・固辞）、②やめる（辞職）、③去る（辞去）。ここでは③の意味。

未《いまダ》二——（セ）一《ず》　再読文字。「まだ——しない」の意味。

勝　①かツ……勝つ・相手を負かす
②まさル……優れる
③たフ……耐える・こらえる
「不《ず》レ勝《たへ》A二（Aに耐えられない）」などの慣用句になることが多い。
④あゲテ……ことごとく・全部
「不レ可《カラ》二勝《あゲテ》——（ス）一（全部は——しきれない）」という用法がある。
ここでは③の意味。（→[3]〔**解釈のポイント**〕参照）

欲《ほつス》二——（セ）ント一　①——したい・しようと思う。②——しようとしている・——しそうだ。ここでは①の意味。

那《なんゾ》　「何《なんゾ》」、前述した「胡《なんゾ》」と同じである。

▼設問解説▲

問一　〔**解釈のポイント**〕参照。

問二　〔**解釈のポイント**〕に従って解釈すると、「寧《いづくンゾ》有《ラン》レ此《や》」は、「どうしてこんなことがあろうか、いや、ありはしない」となる。したがって「どうしてこんなつらいことが起きようか」というウが正解。ア「どちらが」は「孰《いづレカ》」、イ「誰が」は「誰《たれカ》」、エ「いつの世」は「何世《いづレノ》」、オ「どうすれば」は「如何《いかニセバ》」である。

問三　〔**解釈のポイント**〕参照。「使我至於斯」を使役形の句法に合わせると、Aは「我」、□（＝動詞）は「至」に相当する。「於」は、直前に動詞などがある場合は前置詞の働きをする置き字となり、「至於斯」は、「至二於斯一」と返り点が付く。さらに、動詞「至《いたル》」から「使《しム》」に返読するのであるから、「使三我至二於斯一」となる。したがって正解はア。

問四　〔**解釈のポイント**〕参照。

問五　〔**解釈のポイント**〕参照。「那可レ思」は、「那ぞ思ふべき（どうして思うことができるのか）」という疑問文、あるいは「那ぞ思ふべけんや（どうして思うことができようか、いや、思うことはできない）」という反語文になる。ア・ウは前者、イ・エ・オは後者で解釈している。漢詩に於ける主語は、明示されていなければふつう「私（一人称）」である。したがって正解はイである。ア・エの主語は「息子」であり、この親子の別れの場面でオはあり得ない。ウ「——はどうしてか」は、「——何《なんゾ》也《や》」の訳である。

問六　〔**本文解説**〕でも解説したように、第九句〜第十二句は「長女」の様子を述べ、第十三句〜第十六句は「長男」の様子を述べているから、それに続く空欄[A]には、d「小児《へ》……」が入ることになる。さて、漢詩の偶数句末の漢字は押韻する。この漢詩では、「離《リ》・之《シ》・追《ツイ》・斯《シ》・悲《ヒ》・辞《ジ》・衣《イ》・思《シ》」と空欄[B]と[D]の末字である。したがって空欄[B]と[D]には、a「……耳《ジ》」、b「……慈《ジ》」、c「……知《チ》」のいずれかが入る。このうち、主語「小児は」の述語に当たるのはb「抱《いだ》き負《お》はれて……」である。さらに、「小児」の様子を述べたa「汝《なんぢ》の哭《な》くは……」が続くだろう。そして総括するc「我が懐ひ（は）……」が結びの空欄[D]に入る。

26 唐庚「家蔵古硯銘」

▼解答と配点▲

問一 ㋑なんぞや ㋺ここにおいて ㋩よりて（よつ《っ》て） （3点×2 6点）

問二 a独り寿夭のみ（は） b相近からざるなり。 （a・b各4点 8点）

問三 aなんと b鈍重なものが長持ちして、c鋭く尖っているものが早く損なわれるということではないか。 （a4点、b・c各3点 10点）

問四 Aウ Bエ （5点×2 10点）

問五 a寿命は運命だとしても、b鈍重で動かない硯がよく動く筆や墨より長持ちするのにならい、c鋭敏よりも鈍重を旨とし、d動き回るよりも静かに行動することを心がける。（74字） （a2点、b6点、c・d各4点 16点）

▼本文解説▲

唐庚《とうこう》（一〇七一〜一一二一）は北宋の詩人。字は子西《しさい》。本文は、唐庚の詩文集『眉山唐先生文集』巻十六所収の「家蔵古硯《すずり》銘（家蔵古硯の銘）」と題された一文で、家に伝わる古い硯に筆者が刻んだ「銘（功績などを刻んだ文章）」と、その序文である。

硯は日常、筆や墨と同じように使われている文房具である。しかし、家に伝わる古い硯を前にして、筆者は硯と筆・墨との寿命が大いに異なることに思い至る。形が鋭く早く動く筆や墨が長持ちしないのに比べ、形が鈍く動くことのない硯はこんなにも長持ちするのである。そこから筆者は長寿の秘訣を悟るのである。「たとえ寿命は運命だとしても、硯のようにどっしりと鈍重で静かに行動することで長寿を保ちたいものだ」と。

▼書き下し文▲

硯《すずり》と筆墨《ひつぼく》とは、蓋《けだ》し気《き》類《たぐひ》するなり。出処相近《しゅっしょあひちか》く、任用寵遇《にんようちょうぐう》相近《あひちか》きなり。独《ひと》り寿夭《じゅえう》のみは相近《あひちか》からざるなり。筆《ふで》の寿《じゅ》は日《ひ》を以《もっ》て計《かぞ》へ、墨《すみ》の寿《じゅ》は月《つき》を以《もっ》て計《かぞ》へ、硯《すずり》の寿《じゅ》は世《よ》を以《もっ》て計《かぞ》ふ。其《そ》の故《ゆゑ》は何《なん》ぞや。其《そ》の体《たい》たるや、筆最《ふでもっと》も鋭《するど》く、墨之《すみこれ》に次《つ》ぎ、硯鈍《すずりにぶ》き者《もの》なり。豈《あ》に鈍《にぶ》き者寿《ものじゅ》にして鋭《するど》き者夭《ものえう》なるに非《あら》ずや。其《そ》の用《よう》たるや、筆最《ふでもっと》も動《うご》き、墨之《すみこれ》に次《つ》ぎ、硯静《すずりしず》かなる者《もの》なり。豈《あ》に静《しず》かなる者寿《ものじゅ》にして動《うご》く者夭《ものえう》なるに非《あら》ずや。吾是《われここ》に於《お》いて生《せい》を養《やしな》ふを得《え》たり。鈍《どん》を以《もっ》て体《たい》と為《な》し、静《せい》を以《もっ》て用《よう》と為《な》さん。或《ある》ひと曰《いは》く、「寿《じゅ》夭《えう》は数《すう》なり。鈍鋭動静《どんえいどうせい》の制《せい》する所《ところ》に非《あら》ず。借令《たと》ひ筆鋭《ふでするど》からず動《うご》かざるも、吾其《われそ》の硯《すずり》と与《とも》に久遠《きうえん》なる能《あた》はざるを知《し》るなり」と。然《しか》りと雖《いへど》も、寧《むし》ろ此《これ》を為《な》すとも彼《かれ》を為《な》す勿《な》かれ。

銘《めい》に曰《いは》く、「鋭《するど》きこと能《あた》はず、因《よ》りて鈍《どん》を以《もっ》て体《たい》と為《な》す。動《うご》くこと能《あた》はず、因《よ》りて静《せい》を以《もっ》て用《よう》と為《な》す。惟《た》だ其《そ》れ然《しか》り、是《ここ》を以《もっ》て能《よ》く年《とし》を永《なが》らふ」と。

▼全文解釈▲

硯と筆墨とは、思うに文房具として同類のものである。使用状況も近く、使用方法も似ている。ただ寿命が長いか短いかだけは異なっている。筆の寿命は日で数え、墨の寿命は月で数え、硯の寿命は世代で数える。そうなる理由は何か。その姿かたちは、筆が最も鋭く尖っており、墨がこれに次ぎ、硯は（角がなく）鈍重なものである。なんと（角がなく）鈍重なものが長持ちして、鋭く尖っているものが早く損なわれるということではないか。その働きは、筆が最もよく動き、墨がこれに次ぎ、硯は静かなものである。なんと静かなものが長持ちして、よく動くものが早く損なわれるということではないか。私はそこで長生きする道を悟った。姿かたちは鈍重に、働きは静かであるようにしよう。ある人が言う、「長寿か夭折かは運命である。鈍いか鋭いか、動くか静かであるかによって支配されるのではない。たとえ筆が尖っておらず動き回らなくても、私は筆が硯と同じように永遠（の寿命）を保つことができないことを知っている」と。そうだとしても、このように（＝鈍重で静かに）する方がよい、あのように（＝鋭敏に動き回る）したくはないのだ。

銘に言う、「（硯は）鋭く尖《とが》ることはできない、そこで鈍重であることをその姿かたちとする。動き回ることができない、そこで静かであることをその働きとする。ひたすらそのようであることで、長寿を保つことができるのだ」と。

▼解釈のポイント▲

硯《すずりト》与《と》二筆《ひつ》墨《ぼく》一 「A与《ト》レB」は並列の関係を表す（↓2〈解釈のポイント〉参照）。

蓋《けだシ》 「思うに」の意味。

相《あひ》 ①「互いに」、②「相手を（に・と）」（対象があることを示す）の用法がある。ここでは①の意味。

独《ひとリ》寿《じゆ》夭《えうノミ》 「独《リ》――《ノミ》」は限定形で、「ただ――だけ」の意味。「寿夭」は、「寿」が「長寿」で「長生き」、「夭」が「夭折」で「若死に」の意味。

筆《ふで》之《の》寿《じゆハ》以《もつテ》レ日《ひヲ》計《かぞへ》、墨《すみ》之《の》寿《じゆハ》以《もつテ》レ月《つきヲ》計《かぞへ》、硯《すずり》之《の》寿《じゆハ》以《もつテ》レ世《よヲ》計《かぞフ》 「以（もつテ）」は「以《テ》二――《ヲ》一」の形をとり、述語を修飾する働きを持つ（↓2〈解釈のポイント〉参照）。ここでは手段・方法を表す用法。それぞれ「日・月・世代の単位で数える」という意味。

何《なんゾ》也《や》 「どうしてか」の意味。

豈《あニ》非《あらズ》二鈍《にぶキ》者《もの》寿《じゆニシテ》而鋭《するどキ》者《もの》夭《えうナルニ》一乎《や》 「豈非《ニズ》二――《ニ》一乎」は詠嘆形で、「なんと――ではないか」の意味。

於《おイテ》レ是《ここニ》 「そこで」の意味。指示語「是」は「これ」「ここ」「かく」など様々な読みを持つが、「於《イテ》レ是《ニ》」「是以《テ》」の場合は「ここ」と読むことに注意。

以《もつテ》レ鈍《どんヲ》為《なシ》レ体《たいト》、以《もつテ》レ静《せいヲ》為《なサン》レ用《ようト》 「以《テ》レA為《ス》レB《ト》」は「AをBとする」「AをBとみなす・思う・考える」の意味。

借《た》令《とヒ》筆《ふで》不《ず》レ鋭《するどカラ》不《ざルモ》レ動《うごカ》 「借《た》令《とヒ》――《モ》」は逆接の仮定条件を表し、「たとえ――であっても」の意味。「縦《たとヒ》・縦《た》令《とヒ》」も同じ。

雖《いへどモ》レ然《しかりト》 「雖《いへどモ》二――《ト》一」は「（仮に）――だとしても・――ではあるが」の意味。「然《しかり》」は「そうである」の意味。全体では「そうだとしても・そうではあるが」と訳す。

寧《むしロ》為《なストモ》レ此《これヲ》勿《なカレ》レ為《なス》レ彼《かれヲ》也 「寧《ロ》A《(ス)トモ》勿《カレ》レB《(スル)》」は選択形で、「Aである方がよくBするな（Bしたくない）・BよりはAの方がよい（ましだ）」の意味。

不《ず》レ能《あたハ》レ鋭《するどキコト》／能《よク》永《ながらフ》レ年《としヲ》 「能」は「できる・可能である」の意味である。副詞として「よク」と読むが、否定詞「不」を伴い「不レ能二――一」の場合には、「――あたハず」と読む。

因《よリテ》 「そこで」の意味。「よツテ」とも読む。

是《ここヲ》以《もつテ》 「こういうわけで」の意味。

▼設問解説▲

問一 〈解釈のポイント〉参照。

問二 傍線部は直前の「出処相近《ク》也、任用寵遇相近《キ》也」と対比的に述べられている。「出処」「任用寵遇」と「寿夭」が対比されているので、限定の副詞「独《リ》」が限定するのは「寿夭」である。「独り寿夭のみ」と読む。また後半は、「相近きなり」に対して「相近からざるなり」と読めばよい。

問三 「豈非《ニズ》二――《ニ》一乎」は〈解釈のポイント〉で説明したように「なんと――ではないか」と訳す詠嘆形。「鈍《キ》者寿《ニシテ》而鋭《キ》者夭《ナル》」は、それぞれ「鈍↕鋭」「寿↕夭」の対義語で構成されているが、ここでは「筆」「墨」「硯」について言及していることを踏まえて、「鈍重なもの↕鋭く尖っているもの」「長持ちする↕早く損なわれる」のようにこなれた表現に改めたい。

問四　〔**解釈のポイント**〕を参照して、傍線部を含む一文「雖《モ》レ然《リト》、寧《ロ》為《ストモ》レ此《ヲ》 勿《カレ》レ為《ス》レ彼《ヲ》 也」を直訳すると、「そうだとしても、たとえ『此』をしても『彼』はしたくない」となる。ここの「然《しかり》」は直前の「或《ヒト》」の発言を指しているので、「或《ヒト》」の発言を受けても筆者の考えは変わらなかったということになる。つまり、「為《ス》レ此《ヲ》」とは「或《ヒト》」の発言の直前に述べられている「養《フ》レ生《ヲ》」ための道「以《テ》レ鈍《ヲ》為《シ》レ体《ト》、以《テ》レ静《ヲ》為《サン》レ用《ト》」であるから、「此」は「鈍・静」であると判断できる。一方、筆者がしたくないと言っている「彼」は、「鈍・静」と対になる「鋭・動」を選べばよい。

問五　傍線部は「だから長寿を保つことができるのだ」の意味である。本問で問われている「どのようにすれば長生きできる…のか」は、もちろん傍線部直前の「然《リ》」を指すのだが、具体的には「然《リ》」の前に述べられている「以《テ》レ鈍《ヲ》為《ス》レ体《ト》」「以《テ》レ静《ヲ》為《ス》レ用《ト》」である。また、「銘」に述べられているこの内容は、第一段落では「吾 於《イテ》レ是《ニ》 得《タリ》レ養《フヲ》レ生《ヲ》焉。以《テ》レ鈍《ヲ》為《シ》レ体《ト》、以《テ》レ静《ヲ》為《サン》レ用《ト》」に相当する。本問では「全体の趣旨を踏まえて」述べることも要求されているので、筆者が「養《フ》レ生《ヲ》」ための道に気づくきっかけとなった、「硯」と「筆」「墨」の違いについても言及が必要である。さらに筆者は、ある人の「長寿か夭折かは運命で、そのようなものは関係ない」という反論に対し、それを否定せずに「雖《モ》レ然《リト》（そうだとしても）」と受け入れたうえで再び持論を展開している。これを踏まえると、筆者の考えとして「寿命は運命ではあるが」の内容も解答に盛り込めるとよいだろう。

27 『韓非子』五蠹

▼解答と配点▲

問一 (1)直躬 (6点)
(2)父親が羊を盗んだと役人に申し出たこと。(10点)

問二 以為㆘直㆓于君㆒、而曲㆗于父㆖。(6点)

問三 a私が死ぬと b父を c世話する者がいなくなります。
(a・b各3点、c4点 10点)

問四 孔子(孔丘) (4点)

問五 a君主に対して正直であると父親に対しては親不孝になり、b父親に孝を尽くそうとすると君主に背くことになるように、c君主と民の利益は相反する、ということ。
(a・b各4点、c6点 14点)

▼本文解説▲

出典は『韓非子』五蠹《ごと》篇。
『韓非子』については問題2の〔**本文解説**〕参照。

本文は、対照的な二人の息子のエピソードと筆者の主張とで構成されている。楚の国の直躬は、親が盗みを働いたことを正直に役所に訴え出たが、親不孝であるとみなされて処刑されてしまう。一方、魯の国のある息子は、三度戦場から逃走するが、「老父を養う」という理由であったために、孔子から「親孝行者」と称《たた》えられた。結果として、楚では悪事を訴え出る者はいなくなり、魯では戦場で降伏したり逃亡したりする者が続出した。そこで筆者は、民にとっての利＝「孝」と君主にとっての利＝「忠」は、両立し得ないものと断定する。そして、民に孝をつくすことを求めて、国家の安泰を図るのは、所詮無理なことだと説いている。

▼書き下し文▲

楚《そ》人《ひと》に直躬《ちよくきう》なるもの有《あ》り。其《そ》の父《ちち》羊《ひつじ》を窃《ぬす》み、而《しかう》して之《これ》を吏《り》に謁《つ》ぐ。令尹《れいゐん》曰《いは》く、「之《これ》を殺《ころ》せ」と。以《もつ》て君《きみ》に直《ちよく》なれども、父《ちち》に曲《きよく》なりと為《な》せばなり。報《ほう》じて之《これ》を罪《つみ》せり。是《これ》を以《もつ》て之《これ》を観《み》れば、夫《そ》れ君《きみ》の直臣《ちよくしん》は、父《ちち》の暴子《ぼうし》なり。

魯《ろ》人《ひと》に君《きみ》に従《したが》ひて戦《たたか》ひ、三戦三北《さんせんさんほく》するあり。仲尼《ちうぢ》其《そ》の故《ゆゑ》を問《と》ふ。対《こた》へて曰《いは》く、「吾《われ》に老父《らうふ》有《あ》り、身《み》死《し》せば之《これ》を養《やしな》ふもの莫《な》きなり」と。仲尼《ちうぢ》以《もつ》て孝《かう》と為《な》し、挙《あ》げて之《これ》を上《のぼ》せり。是《これ》を以《もつ》て之《これ》を観《み》れば、夫《そ》れ父《ちち》の孝子《かうし》は、君《きみ》の背臣《はいしん》なり。

故《ゆゑ》に令尹誅《れいゐんちう》して楚姦上聞《そかんじやうぶん》せられず、仲尼《ちうぢ》賞《しやう》して魯《ろ》の民降北《たみかうほく》し易《やす》し。上下《じやうげ》の利《り》は是《か》くのごとく其《そ》れ異《こと》なるなり。而《しかう》して人主《じんしゆ》兼《か》ねて匹夫《ひつぷ》の行《おこな》ひを挙《あ》げて、而《しか》も社稷《しやしよく》の福《ふく》を致《いた》さんことを求《もと》むるは、必《かなら》ず幾《ねが》ふべからず。

▼全文解釈▲

楚の国の人で直躬という者がいた。その父親が羊を盗んだので、それを役人に申し出た。(裁決に当たった)宰相は「直躬を殺せ」

と言った。君主に対しては正しいあり方であるが、父親に対しては間違っていると思ったからである。（そこで）裁決して処罰した。このことから考えると、そもそも君主にとっての正しい臣下というのは、父親にとって親不孝な子供なのである。

魯の国の人で君主に従って戦い、三度の合戦で三度とも逃亡した者がいた。孔子がそのわけを尋ねた。（魯の国の人は、）お答えして言った、「私には老いた父がおり、私が死ぬと父親を世話する者がいなくなります」と。孔子は（彼を）孝行者だとみなし、朝廷に推挙した。このことから考えると、そもそも父親にとっての孝行息子は、君主にとって反逆する臣下なのである。

だから（楚の国では）宰相が直躬を処刑したために悪事は朝廷に報告されなくなり、（魯の国では）孔子が逃亡者を誉《ほ》めたために民は（敵に）降伏し、逃亡しやすくなった。君主と民との利益はこのように異なっているのである。だから世の君主がひろく庶民の行為を誉めたたえて、それで国家の幸福を招こうと思っても、その願いはかなうものではないのである。

仲尼《ちゅうぢ》　春秋末期の人「孔丘」の字《あざな》（呼び名）である。儒家の祖である。ふつう「孔子」という尊称で呼ばれる。

故
①ふるシ……古い
②もとノ……以前の
③ゆゑ……理由
④ゆゑニ……だから
⑤ことさらニ……わざと
ここでは③。「其《ノ》故」は「その理由」の意味。

莫《なシ》二**之**《これヲ》**養**《やしなフモノ》一　否定の特殊形。「之を養ふ」は一般には「養《フ》レ之《ヲ》」の語順であるが、このように否定文で、目的語が代名詞の時は、語順が変わって「莫《シ》二之《ヲ》養《フ》一」となる。「莫《なシ》」は「無」と同じ。

上聞《じやうぶん》　天子の耳に入れる、耳に入る。

易《やすシ》二**降**《かう》**北**《ほくシ》一　「易」の用法は、
①やすシ……やさしい・たやすい（容易《イ》・平易《イ》）
②かハル……変わる（変易《エキ》・不易《エキ》）
③かフ……変える・換える（改易《エキ》・交易《エキ》）
ここでは①の意味。

若《ごとシ》レ**是**《かクノ》　「このようである」の意味。「如レ是・若レ此・如レ此」も同様。

▼解釈のポイント▲

以為《もつテなス》二―――一《ト》　「―――と思う」の意味。返読しないで「以為《おもへラク》―――《ト》」と読むこともある。「以《テ》レA為《ヲ》レB《スト》（AをBだと思う）」のAが省略された形である。

以《もつテ》レ**是**《これヲ》**観**《みレバ》レ**之**《これヲ》　もとは「このことによってこれを観察すると」の意味。慣用句としては「このことから考えると」と訳す。

▼設問解説▲

問一 (1)は、直後に「君主に対しては正しいあり方であるが、父親に対しては間違っていると思ったからである」と、処罰する理由が述べられているから、息子、つまり直躬である。(2)は、直前の一文「其《ノ》父窃《ぬすミ》レ羊《ヲ》、而《シテ》謁《つグ》二之《ヲ》吏《ニ》一」の内容をまとめればよい。

問二 読む語順は「以→君→直→父→曲→為」。「于（「於」に同じ）」・「而」は置き字である。返読する部分は、まず「君→直」。二字以上返るので一・二点が付く。次に「父→曲→為」。「父→曲」は二字以上返るので「一・二点」を付けたくなるだろうが、「曲→為」は「一・二点」をはさんで返読するので「上・中・下点」を付ける。

問三 〔**解釈のポイント**〕参照。「身」は「自分自身」つまり「私」である。「死《セバ》」は送り仮名に即して「死ぬと」と訳せばよい。「莫《キ》二之《ヲ》養《フモノ》一也」は、「之」が「老父」を指すことを明らかにして直訳すると、「父を世話する者がいなくなる」となる。

問四 〔**解釈のポイント**〕参照。

問五 傍線部は、「上（の者）の利益と下（の者）の利益とはこのように異なるのである」の意味である。〔**本文解説**〕でも述べたように、「楚人（直躬）」は、社会のルールに正直であろうとして父親を訴え出た結果、親不孝とみなされた例である。民が社会のルールを守るのは国家統治上、必要なことで、それは君主の利益となる。一方「魯人」は孝行を貫いて敵前逃亡という、君主にとっての不利益を働いた例である。つまり、「上の者の利益」とは君主にとっての利益であり、民を社会のルールに従わせねばならない。また「孝」とは誰にとっての利益かというと、より直接的には「父親」ということになろうが、「家族」にとって必要という点で、広く民の利益と言える。したがって解答は、「君主と民の利益は相反し、一方の利益を図ろうとするともう一方の利益をそこなう」ということを、「楚人（直躬）」と「魯人」のそれぞれの具体例でまとめればよいであろう。

28 『春秋左氏伝』

▼解答と配点▲

問一 ㋑いかん（と） ㋺には《(わ)》かに （4点×2 8点）
問二 若之何毀之 （6点）
問三 人々が郷校で議論して 良いとみなした政策（19字） （a・b各5点 10点）
問四 (a) 猶ほ《(お)》 川を防ぐが ごとし （a～c各2点 6点）
(b)人々が政治に対して持つ不平不満（15字） （8点）
問五 私が政治に対する人々の議論を聞いて、それを政治の欠点や過ちを正すために役立てる 方がよい。 （a～c各4点 12点）

▼本文解説▲

『春秋左氏伝』については、問題22の〔本文解説〕参照。

政権を握る者にとって最も気にかかるのは、いつの世においても人民の政治に対する批判であろう。ここ鄭の国でも、人々は学校に集《つど》って宰相子産の政治について議論しあった。議論が批判へとたかまるのを恐れた官僚の然明は、学校を廃止してはどうかと進言した。これに対して子産は、批判を力でおさえつけるのはいけない、むしろ批判を聴きいれて政治を改めていくべきであると語った。どこかの国の政治家にも聞かせたい話である。

▼書き下し文▲

鄭人《ていひと》郷校《きやうかう》に游《あそ》び、以《もつ》て執政《しつせい》を論《ろん》ず。然明《ぜんめい》子産《しさん》に謂《い》ひて曰《いは》く、「郷《きやう》校《かう》を毀《こぼ》たば如何《いかん》」と。子産《しさん》曰《いは》く、「何《なん》ぞ為《な》さん。夫《か》の人《ひと》びと朝夕《てうせき》に退《しりぞ》きて焉《ここ》に游《あそ》び、以《もつ》て執政《しつせい》の善否《ぜんび》を議《ぎ》す。其《そ》の善《ぜん》とする所《ところ》の者《もの》は、吾《われ》則《すなは》ち之《これ》を行《おこな》ひ、其《そ》の悪《あく》とする所《ところ》の者《もの》は、吾《われ》則《すなは》ち之《これ》を改《あらた》む。是《こ》れ吾《わ》が師《し》なり。若之何《いかん》ぞ之《これ》を毀《こぼ》たん。我忠善以《われちうぜんもつ》て怨《うらみ》を損《そん》するを聞《き》くも、威《ゐ》を作《な》して以《もつ》て怨《うらみ》を防《ふせ》ぐを聞《き》かず。豈《あ》に遽《にはか》に止《とど》めざらんや。然《しか》れども猶《な》ほ川《かは》を防《ふせ》ぐがごとし。大決《たいけつ》の犯《をか》す所《ところ》、人《ひと》を傷《そこな》ふこと必《かなら》ず多《おほ》く、吾克《われよ》く救《すく》はざるなり。小決《せうけつ》して道《みち》びかしむるに如《し》かず。吾《われ》聞《き》きて之《これ》を薬《くすり》とするに如《し》かざるなり」と。

▼全文解釈▲

鄭《てい》の国の人々が、学校にやって来て、大臣たちの行う政治について議論した。然明《ぜんめい》が宰相の子産に言った、「学校をとりこわしてはいかがでしょうか」と。子産が言った、「どうしてそんな事をしようか。あの人達は早朝や夕方の勤めの余暇に学校へやって来て、大臣たちの行う政治の善《よ》し悪《あ》しについて議論しているのだ。人々が善いとみなした事は、私がそれを行い、悪いとみなした事は、私がそれを改める。これはいわば私の師である。どうして学校をとりこわしたりしようか。私は、誠意と善良さで怨みを減らしてゆくと聞いているが、権力による威圧で怨みを押さえられるとは聞いていない。（権力で威圧すれば）どうしてすぐにでも怨みを押さえられないことがあろうか（すぐに押さえられる）。しかし、（これは）ちょうど川（の氾濫）を防ぐのと似ているのだ。堤防が大きく決潰《けっかい》したら、人に与える害はきっと大きいだろうし、私は救うこともできなくなる。少しだけ堤防を切って水を導くようにする方がよいのだ。私が（政治に対する人々の議論を）聞いて、それを（政治の欠点や過ちを正すための）薬とする方がよいのだ」と。

▼解釈のポイント▲

如何《いかん》 疑問・反語の副詞。「いかん」と読む語には、

（ⅰ）何如・何若、

（ⅱ）如何・若何・奈何、の二系統がある。

（ⅰ）は、状態や判断を問う場合に用いられ、「どうであるか」と訳す。

（ⅱ）は、①手段・方法・処置を問う場合に用いられ、「どうすればよいのか」と訳す（反語の場合は「どうしようもない」）。この場合は一般的に「奈何《いかんセン》」と「セン」の送り仮名が付けられる。②「何《なンゾ》」と同じで、「どうして」と訳す（反語の場合は「どうして――か、いや――ない」）。この場合は一般的に「奈何《いかんゾ》」と「ゾ」の送り仮名が付けられる。

ただ、（ⅰ）（ⅱ）の意味の区別は厳密ではないので注意したい。ここでは（ⅰ）の用法で「如何《いかん》」と読む。

何《なんゾ》為《なサン》 「何《ゾ》」は疑問詞で、疑問文・反語文のいずれにもなり得るが、ここは「なサン」という文末の送り仮名から、反語形と判断したい。「為《なス》」は「する・行う」の意味なので、「どうして行おうか、（いや行わない）」と訳す。何を行わないのかというと、直前に然明が言った中の「毀《こぼツ》二郷校《ヲ》一（学校を廃止する）」ことである。「何為」は「なんすれゾ」と読んで「どうして」という疑問詞としても用いられる。

若《い》之《か》何《んゾ》 前記の「如何」と同じであるが、ここは「これをいかんセン」と読み、（ⅱ）の用法である。「若レ之何」は「これヲいかんセン」の意味で「これをどうするのか」の疑問文で用いられることもある。また「どうすることもできない」という反語の意味でも用いられる。

損《そん》 ここでは「損害」の意味ではなくて、「減らす・少なくする」の意味。

豈《あニ》不《ざらンヤ》二遽《にはかニ》止《とどメ》一 「豈《ニ》不《ラン（ヤ）》二――《（セ）》一」は反語形で「どうして――しないのか、いや、する」という意味。「遽《にはかニ》」は「いそいで・あわてて」の意味。

猶《なホ》レ防《ふせグガ》レ川《かはヲ》 「猶」は返り点が付いていると、「ちょうど――のようだ」の意味の再読文字。その場合の読み方は、

①猶《ホ》二――《ノ》一《シ》……下に体言がくる。

②猶《ホ》二――《（スル）ガ》一《シ》……下に用言がくる。

となる。ここでは、下に「防《ふせグ》レ川《ヲ》」と用言がきているので、②の形で読む。

大決《たいけつ》・小決《せうけつ》 「決」は、「川の堤防がきれる」（決壊・決潰）の意味。

不《ず》レ如《しカ》二――《ニ》一　比較形。「――の方がよい（ましだ）」と訳す。

▼設問解説▲

問一　〔**解釈のポイント**〕参照。㋺「遽《にはか》二」は難しいが、「急遽《きゅうきょ》」などの熟語から考えてみるとよい。

問二　同内容の文を指摘させる問題であるが、傍線部を正確に訳せたら、対応部分も容易に見いだせるであろう。また、〔**解釈のポイント**〕で述べたように、傍線部「何《ゾ》為《サン》」は反語形であるから、同じ反語形を捜してみるのも一つの解法である。

問三　指示語の問題。指示内容は、一般的に指示語よりも前にあり、ここでは「其《ノ》所《ノ》レ善《トスル》者」（彼らが善いとみなしたこと）を指す。ところが、ここにも「其《ノ》」の指示語があるので、その内容も具体的に書く必要がある。「其《ノ》」の指示内容は、直前の「夫《かノ》人《ひとびと》朝夕《ニ》……執政之善否《ヲ》」に相当する。字数の制限を考慮して、「郷校・学校において」、「議論する」などの点を中心にまとめるとよい。

問四　(a)については〔**解釈のポイント**〕参照のこと。(b)の「川」の比喩は、「防《グ》レ川《ヲ》」の二字で考えるとよい。つまり、傍線部の少し前に、同じ「防」の字が「防《グ》レ怨《ヲ》」と用いられている。「防《グ》レ川《ヲ》」と「防《グ》レ怨《ヲ》」から、「川」は「怨」と対応していることになる。あとは「怨」（うらみ・不平不満）の内容を制限字数以内にまとめればよい。

問五　解釈問題であるが、(1)比較形の訳（〔**解釈のポイント**〕参照のこと）、(2)何を聞いたのか、(3)「薬とする」は何のたとえか、(4)「之」の指示内容、などに注意したい。(2)については、人々が郷校で政治について議論した、言わば政治に対する批評・批判であり、これが(4)「之」の指示内容となる。また、(3)については「薬」とは、病気をなおすききめのあるもの・心身に有益なものの意味だから、政治を良くする・政治に対して有益である、などと訳せばよい。

29 吉村秋陽『読我書楼遺稿』

▼解答と配点▲

問一　㋑もとより　㋺しかりといへ《え》ども　㋩けだし　㋥あるいは　（3点×4　12点）
問二　ア　（6点）
問三　⑴エ　⑵情　（6点×2　12点）
問四　イ　（6点）
問五　[a]詩歌は、男子一生の仕事とするには値しないが、[b]心を晴らす道具としては存在価値があるので、[c]それに浸り込むのも良くないし、[d]全く否定し去るのも同じく間違っている。（77字）
（a・b各4点、c・d各3点　14点）

▼本文解説▲

江戸の儒学者、吉村秋陽《よしむらしゅうよう》の『読我書楼遺稿』巻一に収められた「詩抄序」と題された一文で、儒学者の立場から「詩」の効用を論じたもの。「詩」は男子一生の仕事とするには値しないが、「情」をねじまげさせない点で、自然に出てきたものには価値がある。だから、「詩」に没入するのも「詩」を排撃するのも間違っていると主張している。論理的な文章なので、筆者の論理を正確に読みとっていきたい。

▼書き下し文▲

詩《し》なる者《もの》は丈夫《ちやうふ》の業《げふ》に非《あら》ざるなり。之《これ》を作《つく》るも亦可《またか》、作《つく》らざるも亦可《またか》、固《もと》より得失《とくしつ》を此《ここ》に競《きそ》ふに足《た》らず。然《しか》りと雖《いへど》も人《ひと》の情《じやう》をして鬱憂《うついう》して暢《の》びざる所《ところ》有《あ》らしめば、則《すなは》ち往往《わうわう》にして変《へん》じて戻《れい》気《き》と為《な》る。故《ゆゑ》に諸《これ》を永言《えいげん》に仮《か》りて之《これ》を泄《も》らすは、亦其《またそ》の発揚《はつやう》を輔《たす》くる所以《ゆゑん》なるか。蓋《けだ》し情《じやう》を遣《や》るの具《ぐ》にして、自然《しぜん》に出《い》づる者《もの》は、殆《ほと》んど廃《はい》すべきに非《あら》ず。然《しか》らば則《すなは》ち世《よ》の或《ある》いは之《これ》を好《この》みて切切然《せつせつぜん》として其《そ》の志《こころざし》を累《わづら》はすと、好《この》まずして詆罵斥絶《ていばせきぜつ》し之《これ》を嫉《にく》むこと仇《かたき》のごとくなるとは、其《そ》の偏見《へんけん》たること一《いつ》なり。

▼全文解釈▲

詩というものは男子の一生の仕事となるものではない。これを作ってもよいし、作らなくてもよい。もちろん、それで優劣を競うに値するものではない。そうではあるが、もし人間の心情に、ふさがってしまい晴れやかにならないところがあると、しばしばねじけた気持ちに変化してしまう。だから、詩歌に仮託してその心情を発散することは、やはり鬱々《うつうつ》とした心の高揚を助ける手段となろう。思うに、（詩歌とは）気をはらす道具であって、自然に出て来たものは、おそらく捨て去るべきではない。そうであるならば、世間で、あるものが詩を好み、熱心のあまりその心を苦しめることと、詩を嫌い、そしりしりぞけて、それを仇のように憎んだりすることとは、それらがともに偏見であることにかわりはない。

▼解釈のポイント▲

丈《ぢやう》夫《ふ》 成人した男子、一人前の男。「大丈夫《だいぢやうふ》」は、「大（すぐれた）、丈夫（男）」の意味になる。現代語の「丈夫《じょうぶ》」「大丈夫《だいじょうぶ》」はここから派生した意味で使われている。

亦《また》 「やはり・同様に」の意味。

固《もとヨリ》 「もともと・もちろん」の意味。

得《とく》失《しつ》 ①得ることと失うこと、②得と損（利害）、③よいことと悪いこと（是非）、④優劣、⑤成功と失敗、などの意味があるが、ここでは④。

雖《いへどモ》レ然《しかリト》 「雖《いへども》二――一《ト》」は「（仮に）――だとしても・――ではあるが」の意味。「然《しかり》」は「そうである」の意味。全体では「そうではあるが」と訳す。

使《しメバ》二A《ヲシテ》□（セ）一 使役形の「使《ム》二A《ヲシテ》□（セ）一」はしばしば仮定を表す。ここは、下に「則《すなはチ》（――ならば）」があるので「（もし）Aが□するならば」と仮定形に訳せばよい。

仮《かル》二諸《これヲ》永《えい》言《げんニ》一 「仮」は「借」と同義で「かりる」の意味。「諸《しょ》」は「之於《しを》」と音が同じことから一字に置き換えたもの。したがってこの部分は「仮《かル》二之《これヲ》於永《えい》言《げんニ》一」と同訓同義となる。また、「諸」は「之乎《しを》」の置き換えの場合もあり、たとえば「有レ諸」は「有《あり》レ之《これ》乎《や》」と同訓同義で「これありや」と読み、「これはありますか」の意味になる。

蓋《けだシ》 「思うに」の意味。

与《と》 「A与《と》レB」の形をとり「AとBと」の意味。ここでは「好《ミテ》レ之《ヲ》而切切然《トシテ》累《わづらハス》二其《ノ》志《ヲ》一」がA、「不《シテ》レ好《マ》而詆《てい》罵斥絶《シ》嫉《にくムコト》レ之《ヲ》如《クナル》レ仇《ノ》」がB。

如《ごとシ》二――《ノ》一 「――と同じだ・――のようだ」の意味。「若」にも同じ用法がある。

為《たルコト》二偏《へん》見《けん》一 「為」にはさまざまな読み方があるが、「たり」と読めば「――である」の意味になる。「其《ノ》為《たルコト》二偏《へん》見《けん》一一《いつ》也《なり》」は「それが偏見であることは同一である」と訳す。

▼設問解説▲

問一 〔**解釈のポイント**〕参照。㈡は「あるいは・あるひと」と読む。意味は「有」とほぼ同じ。

問二 「得失」は〔**解釈のポイント**〕で述べたように「優劣」の意味。「此」は「詩」を指す。直訳すれば、「（詩というものは）人々が詩で優劣を競うに値するほどのものではない」となる。この内容に近いものはアしかない。

問三 「仮二諸永言一」は、〔**解釈のポイント**〕で説明したように「これをえいげんにかり」と読み、「これを詩歌に仮託する」の意味である。この「諸《これ》」は「泄レ之」の「之」と同一のものを指すことに気づけば、「之」は直前の一文にある「情」であり、「泄レ之」は「これをもらす」と読むことがわかろう。「情」が鬱屈してしまい晴れないと「戻気」になってしまうことが多いので、それをふせぐために「詩」に仮託して「情」を発散させるのである。

問四　〔解釈のポイント〕参照。

問五　本文では、まず「詩」が男子たる者が一生の仕事として打ち込むほど重要なものではないと論じる（「詩 者～於 此」）。次に、しかし人の「情」が鬱屈してしまうとねじけた心になってしまうので、それを防ぐ手段として自然に出てきたものには価値があるとする（「雖」然～廃 也」）。以上のことを根拠にして、世間の「詩」を愛し没入している人と「詩」を憎み否定しきっている人の両者を、どちらも偏見であると論じている（「然 則～一 也」）。

この三つの点を八十字以内でどううまくまとめるのかが最後のポイントとなる。

30 袁枚「黄生借書説」

▼解答と配点▲

問一　ⓘしひ《い》て　ⓡやまず　ⓗしばらく　ⓝすなは《わ》ち　ⓗしかるのちに　（2点×5　10点）

問二　人から借りた書物は、返却するともう読めなくなるので熱心に読むが、自分で所有している書物は、そのうち読むつもりでいて結局はしまい込んで読まないものだから。（a・b各6点　12点）

問三　宮中の数多くの蔵書を読む天子は　いくらもいない。（a・b各3点　6点）

問四　独り　書のみ　然りと為す　に非ず、（a・d1点、b・c2点　6点）

問五　私は、蔵書家の張氏に書物を貸してもらえなかった時には　その書物を夢に見てしまうほど、切実に　読みたいと願っていた。（a・b各1点、c3点、d・e2点　9点）

問六　書物を貸す人に出会える幸福と出会えない不幸。（22字）（7点）

▼本文解説▲

袁枚《えんばい》（一七一六～一七九七）は清代の文人。字は子才、号は簡斎、随園先生とも呼ばれる。若くして官を辞し、江寧の小倉《しょうそう》山に屋敷を構えて「随園」と名づけ、そこで文筆活動に励んだ。本文は、袁枚の詩文集『小倉山房詩文集』文集巻二十二所収の「黄生借書説（黄生書を借《か》るの説）」と題された一文である。

本文は、本を借りにやってきた黄生に対して、袁枚が書物を読む際の心構えを説いた文章である。袁枚も若い頃は貧乏で書物の入手に苦労した。書物を借りられなかった時にはそれを夢にまで見、また借りられた時には細部まで記憶するほど精読したのである。ところが役人となって多くの書物を購入できるようになった今、書物は埃《ほこり》をかぶっているありさまである。袁枚はこのような自らの経験を踏まえ、熱心に読むのは人から借りた書物だけなのだということを心に留めて、黄生には自分が貸した書物を熱心に読んで欲しいと願っているのである。

▼書き下し文▲

黄生《くわうせい》允修《ゐんしう》書《しょ》を借《か》る。随園主人《ずいゑんしゆじん》授《さづ》くるに書《しょ》を以《もつ》てして之《これ》に告《つ》げて曰《いは》く、「書《しょ》は借《か》るに非《あら》ずんば読《よ》む能《あた》はざるなり。子書《ししょ》を蔵《ざう》する者《もの》を聞《き》かざるか。七略《しちりやく》・四庫《しこ》は、天子《てんし》の書《しょ》なり。然《しか》れども天子《てんし》の書《しょ》を読《よ》む者《もの》幾《いくばく》か有《あ》らん。牛《うし》に汗《あせ》せしめ屋《をく》を塞《ふさ》ぐは、富貴《ふうき》の家《いへ》の書《しょ》なり。然《しか》れども富貴《ふうき》の人《ひと》の書《しょ》を読《よ》む者《もの》幾《いくばく》か有《あ》らん。其《そ》の他《ほか》祖父《そふ》積《つ》みて、子孫《しそん》棄《す》つる者《もの》は論《ろん》ずる無《な》し。独《ひと》り書《しょ》のみ然《しか》りと為《な》すに非《あら》ず、天下《てんか》の物《もの》皆《みな》然《しか》り。夫《か》の人《ひと》の物《もの》に非《あら》ずして強《し》ひて仮《か》らば、必《かなら》ず人《ひと》の逼《せま》り取《と》るを慮《おもんばか》りて、惴惴焉《ずいずいえん》として之《これ》を摩玩《まぐわん》して已《や》まず、曰《いは》く、『今日《こんにち》存《そん》するも、明日《めいじつ》去《さ》らば、吾《われ》得《え》て之《これ》を見《み》ず』と。若《も》し業《すで》に吾《われ》の有《いう》する所《ところ》と為《な》らば、必《かなら》ず高《たか》きに束《つか》ね、庋蔵《きざう》して、曰《いは》く、

『姑《しばら》く異日《いじつ》を俟《ま》ちて観《み》ん』と爾《しか》云《い》ふ。
余《よ》幼《をさな》きとき書《しよ》を好《この》むも、家貧《いへひん》にして致《いた》し難《がた》し。張氏《ちやうし》なるもの有《あ》り、書《しよ》を蔵《ざう》すること甚《はなは》だ富《と》む。往《ゆ》きて借《か》らんとするも、与《あた》へられず。帰《かへ》りて諸《これ》を夢《ゆめ》に形《み》る。其《そ》の切《せつ》なること是《か》くのごとし。故《ゆゑ》に覧《み》る所《ところ》有《あ》らば、輒《すなは》ち省《つまび》らかに記《き》す。通籍《つうせき》の後《のち》、俸去《ほうさ》りて書来《しよきた》り、落落《らくらく》として大《おほ》いに満《み》つるも、素蟫《そたん》灰糸《くわいし》時《とき》に巻軸《くわんちく》を蒙《おほ》ふ。然《しか》る後《のち》に借《か》る者《もの》の心《こころ》を用《もち》ふること専《もつぱ》らにして、少《わか》き時《とき》の歳月《さいげつ》惜《を》しむべしと為《な》すを嘆《なげ》くなり」と。
今《いま》黄生《くわうせい》貧《ひん》なること予《よ》に類《たぐひ》し、其《そ》の書《しよ》を借《か》るも亦《また》予《よ》に類《たぐひ》す。惟《た》だ予《よ》の書《しよ》を公《おほやけ》にすることと張氏《ちやうし》の書《しよ》を吝《を》しむことと、相類《あひたぐひ》せざるがごとし。然《しか》らば則《すなは》ち予《よ》固《もと》より不幸《ふかう》にして張《ちやう》に遇《あ》ふか、生固《せいもと》より幸《さいは》ひにして予《よ》に遇《あ》ふか。幸《かう》と不幸《ふかう》とを知《し》らば、則《すなは》ち其《そ》の書《しよ》を読《よ》むや必《かなら》ず専《もつぱ》らにして、其《そ》の書《しよ》を帰《き》するや必《かなら》ず速《すみ》やかならん。一《いつ》説《せつ》を為《つく》りて、書《しよ》と倶《とも》にせしむ。

▼全文解釈▲

黄允修君が書物を借りにきた。（私、）随園主人は（彼に）書物を授けて次のように言った、「書物は借りるのでなければ読むことができない。あなたは書物を所蔵している者のことを聞いたことはないか。七略や四庫は、天子の所蔵する書物である。しかしながら宮中の数多くの蔵書を読む天子はいくらもいない。牛に運ばせれば汗をかき、部屋をふさぐほどの多くの蔵書は、富貴の家の人が所蔵する書物である。しかしながらそうした数多くの蔵書を読む富貴の人はいくらもいない。その他にも、祖父や父が積み上げてきた蔵書を、子や孫が捨て去ってしまうことなど言うまでもなくよくあることだ。ただ書物だけがそうであるわけではなく、世の中の物は全てそうなのだ。その人の持ち物ではなくて無理に借りた書物であれば、（貸した）人が催促して取り上げるのではないかということを心配して、びくびくしながらもいつまでもよく味わって楽しんで言う、『今日（手元に）あっても、明日手元を離れてしまうと、私はこの書物を見ることができなくなるのだ』と。すでに自分の所有している書物になると、きっと縛って高いところに置いたり、しまい込んだりして、『しばらく置いておいて後で読もう』などと言うのである。

私は幼い頃書物が好きであったが、家が貧乏で書物を手に入れるのが困難だった。張氏という人がいて、非常に多くの書物を所蔵していた。（張氏のもとへ）行って書物を借りようとしたのだが、貸してくれなかった。（私は）帰ってからその（借りたかった）書物を夢にまで見た。それほど切実に読みたいと願っていたのである。だから書物を閲覧すれば、そのつど事細かに記憶した。官に籍を置くようになると、俸給を使い果たして書物を買い、多くの書物が（家に）満ちあふれたが、紙を食べる白い虫と灰色の蜘蛛の糸がしばしば書物を覆うことになった。このような体験を経てはじめて、書物を借りて読むときには一心に読むものであり、若い頃の月日は惜しむべき大切なものであったと嘆息するのである」と。

さて今、黄君は（若い頃の）私と同じく貧乏で、私と同じく書物を借りて読んでいる。ただ私が書物を秘蔵せず人に貸してあげるのと、張氏が書物を秘蔵して貸し渋ったのとは、同じではないようだ。そうだとすれば、私はもともと不幸にも張氏に出会ってしまったのか。黄君はもともと幸福にも私に出会ったのか。この幸福と不幸とを理解したならば、あなたが書物を読む時はきっと一心に読むことになり、書物を返却する時はきっと迅速に返却することになるだろう。一文をしたためて、書物とともにあなたに与えることにする。

▼解釈のポイント▲

授《さづクルニ》以《もつテシテ》レ書《しよヲ》　「以（もつテ）」は「以《テ》二――《ヲ》一」の形をとり、述語を修飾する働きを持つ（→2〈解釈のポイント〉参照）。「以《テ》二――《ヲ》一□《(ス)》」のように述語（＝□）の前に置かれることが多いが、述語の後に置かれた場合は「□《(スル)ニ》以《テスル》二――《ヲ》一」と読む。「授《クルニ》以《テス》レ書《ヲ》」は「以《テ》レ書《ヲ》授《ク》」と同様で、「書物を授ける」と訳す。

書《しよハ》非《あらズンバ》レ借《かルニ》不《ざル》レ能《あたハ》レ読《よム》也《なり》　「非《ズンバ》二――《ニ》一不二……一」は、前の否定文が後の否定文の条件になる形（否定の連用）で、「――でなければ、……しない」の意味。「不《ハ》レ能二――《(スル)》一」は「――できない」の意味。

有《あラン》レ幾《いくばくカ》　「幾（いくばく）」は「幾何・幾許」と同様で、数量について問う疑問詞。「どれほど・どれくらい」の意味。ここでは句末を「有らん（未然形＋ん）」で結んでいるので、反語形。

非《あらズ》二独《ひとり》書《しよノミ》為《なスニ》一レ然《しかリト》、天《てん》下《かノ》物《もの》皆《みな》然《しかり》　「非《ズ》二独《リ》A――《ノミ》一《ニ》、B皆――」は累加形で、「ただAだけが――ではなく、Bも全て――である」の意味。

強　「強」は、形容詞として①「つよシ」と読み「強い」の意味を表すほか、副詞として②「しヒテ」と読み「無理に・無理やり」の意味を表す。ここでは②の用法。

不《ず》レ已《やマ》　「已」は多様な用法を持つ（→3〈解釈のポイント〉参照）。ここでは否定詞「不」に返読しているので動詞として「やむ」と読む。「不レ已《マ》」では「やまない・やめない」の意味。

不《ず》二得《えテ》而見《み》一レ之《これヲ》　「得《テ》而――《(ス)》」は、「得《う》二――《(スル)ヲ》一」と同様で、「――できる」の意味。「不《ニ》得《テ》而――《(セ)》一」はその否定形である。

若《もシ》業《すでニ》為《なラバ》二吾《われノ》所《ところト》一レ有《いうスル》　「若《シ》――《バ》」は仮定形で、「――ならば」の意味。「為《ル》二A《ノ》所《ト》一□《(スル)》」は受身形で、「Aに□される」の意味。

姑《しばらク》　「とりあえず」の意味。

形《みル》二諸《これヲ》夢《ゆめニ》一　「諸《しょ》」は「之於《しを》」の合音字（→20〈解釈のポイント〉参照）。「形《ル》二諸《ヲ》夢《ニ》一」は「形《ル》二之《これヲ》於夢《ニ》一」と同じで、「これを夢に見る」の意味となる。

其《その》切《せつナルコト》如《ごとシ》レ是《かクノ》　「如《シ》レ是《クノ》」は「このようである」の意味。「如《シ》レ此《クノ》・若《シ》レ是《クノ》・若《シ》レ此《クノ》」も同じ。時間や程度を表す修飾成分（＝○）が述語の後に置かれた場合、「――《(スル)コト》○」のように主述関係として訓読されるが、修飾関係で訳出するとこなれた表現になる。「其切《ナルコト》如《シ》レ是《クノ》」は「このように切実であった」と訳す。

輒《すなはチ》　「そのたびごとに」の意味。

然《しかル》後《のちニ》　「そうしてはじめて」の意味。

予《よ》之《の》公《おほやけニスルコトト》レ書《しよヲ》与《と》二張《ちやう》氏《し》之《の》吝《をシムコト》レ書《しよヲ》／幸《かうト》与《と》二不《ふ》幸《かう》一　「A与《と》レB」は並列の関係を表して「AとBと」の意味（↓2〔**解釈のポイント**〕参照）。

然《しかラバ》則《すなはチ》　「そうだとすれば」の意味。

固《もとヨリ》　「もともと・本来・いうまでもなく」の意味。

其《その》読《よム》レ書《しよヲ》也《や》必《かならズ》専《もつぱラニシテ》、而其《その》帰《きスル》レ書《しよヲ》也《や》必《かならズ》速《すみヤカナラン》　「也」は「——也《(スル)や》……」の形で、強調したい成分（——）を提示する働きを持つ。ここも副詞句「必《ズ》専《ラ》」「必《ズ》速《ヤカニ》」の被修飾成分「読《ミ》レ書《ヲ》」「帰《ス》レ書《ヲ》」を強調するために「也」を用いて提示した形。したがって、それぞれ「必《ズ》専《ラ》読《ミ》レ書《ヲ》」「必《ズ》速《ヤカニ》帰《ス》レ書《ヲ》」と同様の意味になる。「必《かならズ》——《(ナラ)ン》」は「きっと——だろう」、副詞「専《もつぱラ》」は「一心に・熱心に」の意味。

使《しム》二与《と》レ書《しよ》倶《ともニセ》一　使役形「使《ム》二A《ヲシテ》□《(セ)》一」のAが省略された形。「与二——二」は「——と」の意味。Aは直前の「一説」であり、筆者の書物に対する「一説」（考え方）を書とともにさせる、つまりあなたに「一説」と「書」とを一緒に与えるという意味になる。

▼設問解説▲

問一　〔**解釈のポイント**〕参照。

問二　傍線部は〔**解釈のポイント**〕で説明したように、「書物は借りるのでなければ読むことができない」の意味である。本問では、筆者がこのように述べる理由説明が求められている。傍線部の後には蔵書家のほとんどが本を読まないことが挙例され、こうした傾向は書物に限らないのだと展開される。その後文に注目しよう。「非《ズシテ》二夫《かノ》人之物《ニ》一而強《ヒテ》仮《からバ》焉」以降では、書物を人から借りた場合の読書に対する姿勢が述べられ、また一方で「若《シ》業《すでニ》為《ラバ》二吾《ノ》所《ト》レ有《スル》」以降では、書物を自分で所有している場合の読書に対する姿勢が述べられている。つまり、人から借りた書物は返却しなければならないので、返却の催促を心配しながら熱心に読むが、自分で所有している書物はいつか読めると思って結局は読まないものであり、だからこそ筆者は傍線部のように言っているのである。解答は、以上の内容を対比的にまとめればよい。

問三　ここの「書」は直前に述べられている「天子が宮中に所蔵している書物」を指す。「天子《ノ》読《ム》レ書《ヲ》者」では、送り仮名「の」が同格の用法なので、直訳すると「天子で宮中の数多くの蔵書を読む者は」となる。これをこなれた表現に改めると「宮中の数多くの蔵書を読む天子は」となる。「有《ラン》レ幾《カ》」は、〔**解釈のポイント**〕で説明したように反語形で、「どれほどいようか、いや、どれほどもいない」あるいは「いくらもいない」と訳す。

問四　傍線部を含む一文「非二独書為レ然、天下《ノ》物皆然《リ》」は、〔**解釈のポイント**〕で説明したように累加形で、「ただ書物だけがそうであるわけではなく、世の中の物はみなそうであるのだ」という意味。「『独』書」と「天下物『皆』」が対比されているということを押さえれば、限定の副詞「独《ひとり》」が限定する範囲は「書」だと判断できる。「独り書のみ」と読めばよい。「為」

が多様な用法を持つので「為レ然」は様々な読みが考えられるが、ここでは対比されている後半「天下《ノ》物」の述語「然《しかり》」と同じ内容になるよう、「然りと為す」と読めばよい。否定詞「非《あらズ》」は、必ず「に」を付けて返読する点にも注意したい。

問五　ここの「切《ナリ》」は「痛切・切実」という意味。〔**解釈のポイント**〕で説明したように、「其《ノ》切《ナルコト》如《シ》レ是《ク》」は「このように切実であった」と訳す。指示語「是」は、直前の「形《みル》二諸《これヲ》夢《ニ》一」を指すが、〔**解釈のポイント**〕でふれたように「諸」が「之於」の合音字なので、指示語「之」の内容の補足も必要である。第二段落冒頭の「余幼《キトキ》好《ムモ》レ書《ヲ》」を踏まえると、「書を読みたかった」「書を好んでいた」ことが「切」であると判断できるので、「蔵書家の張氏に書物を貸してもらえなかった時にはその書物を夢に見た」などと補えばよい。

問六　傍線部の「幸」「不幸」とは、具体的には直前「予固《ヨリ》不幸《ニシテ》而遇《フ》レ張《ニ》乎、生固《ヨリ》幸《ヒニシテ》而遇《フ》レ予《ニ》乎」で説明されている。つまり、「予（＝筆者）」が「張氏に出会った」ことが「不幸」で、「生（＝黄生）」が「私に出会った」ことが「幸」なのである。さらに、この文が「然《ラバ》則《チ》（そうだとすれば）」を受けて述べられていることに注目して、「予」と「張」についてはそれぞれ、「然《ラバ》則《チ》」の前に述べられている「予之公《ニス》レ書《ヲ》」と「張氏之吝《をシム》レ書《ヲ》」を参照すればよい。つまり、傍線部「幸《ト》与二不幸一」は、「予之公《ニスルコトト》レ書《ヲ》与二張氏之吝《をシムコト》一書《ヲ》」の言い換えになっているのだと判断できる。したがって解答は、「幸」＝「公《ニス》レ書《ヲ》（書物を秘蔵せずに貸す）」、「不幸」＝「吝《をシム》レ書《ヲ》（書物を秘蔵して貸し渋る）」を、「黄生」を主体にして説明すればよい。

24420